企業実例で理解を深める

LEGAL & COMPLIANCE

法務・
コンプライアンス
組織の構築・運営

KPMGコンサルティング株式会社〔編〕

中央経済社

は し が き

2020年代はメガトレンドの時代とも言われるように，さまざまな地球規模の課題が文字どおり巨大な潮流となって，政府，人々の生活，そして企業活動のあり方にインパクトを与えています。地政学的な背景による国家間の溝の深まりや物資，技術の囲い込み，人工知能（AI）の発展による社会革新とその"副作用"，パンデミックを受けての人々の行動様式の変化，脱炭素政策の進展とその"反動"，また価値観の分断は国家間や階層間などにおいてより深刻さを増しています。

これらのメガトレンドの源であり，かつ帰結する先でもあるものは各国・地域の政府当局による規制，または国際機関・団体等による各種標準化の動きです。こうしたハード／ソフトローを理解し，そして駆使することが，メガトレンドへの強力な対応策になりえます。ただし，それらの整備や運用の社会的な足並みは必ずしも揃わず，また変化も急速かつ予測困難です。企業においても，こうした変化に組織と業務が追いつかず，不正・不祥事につながってしまうケースが後を絶ちません。こうした環境下において，企業の法務・コンプライアンス組織・業務のあり方は持続的な企業価値の向上に直結する問題と言っても良いでしょう。

本書は，法務・コンプライアンス組織・業務のあり方の点検や，その見直しにご関心を持つ方々を幅広く念頭に置いて執筆したものです。例えば，組織・業務の点検・見直しを検討する経営層や法務・コンプライアンス担当役員，日常の業務の指揮・監督を担う管理職，日常の業務をリードする主担当者のご参考になる内容を企図しました。

第1編 第1章では，法務・コンプライアンス部門が備えるべき機能について，組織，人材，リーガルオペレーション，重要コンプライアンステーマ，

ルールメイキングの観点から考察しています。重要コンプライアンステーマにおいては，贈収賄規制，人権リスク，環境のほか，近時注目が集まる経済安全保障，AIリスクについての動向を解説しています。

　第1編　第2章では，法務・コンプライアンス組織の高度化に向けた施策の進め方に焦点を当てています。法務・コンプライアンス部門の現状を踏まえた，あるべき姿の設定，あるべき姿実現に向けた施策の実行，KPI等を活用したPDCAサイクルによる組織の高度化に関する取組みを紹介しています。

　各章の執筆においては，KPMGコンサルティングの知見に基づき，各テーマに散見される課題や，取組みの解説を行っているほか，簡単なチェックポイントを設けることで，読者の皆様における組織の現状把握・論点整理にお役立ていただける内容を目指しました。

　第2編では，先進的な法務・コンプライアンス部門の取組みを行われている各社に取材を行い，その内容をまとめました。各社の特徴だけでなく，組織課題に向き合う熱意や姿勢をも感じ取っていただけるよう，インタビュー形式とさせていただきました。ご多用の中，取材にご協力くださいました，KDDI株式会社，ソニーセミコンダクタソリューションズ株式会社，東京海上ホールディングス株式会社，株式会社東芝，日本マイクロソフト株式会社，パーソルホールディングス株式会社，三井物産株式会社，楽天グループ株式会社，株式会社LIXIL（以上，五十音順。敬称略）には，この場を借りて，深く御礼申し上げます。

　なお，本書における意見に関する記述は，執筆者の個人的な見解であり，KPMGコンサルティング株式会社としての見解ではない旨をお断り申し上げます。

本書の企画刊行にあたっては，中央経済社の石井直人様はじめ編集部の方々に大変お世話になりました。改めて御礼申し上げます。

2024年7月

著者を代表して
KPMG コンサルティング株式会社
執行役員／パートナー　足立　桂輔

目　次

はしがき　i

第1編　解説編

第1章　法務・コンプライアンス部門に必要な機能を備えるための取組み　2

0　はじめに―求められる法務機能―　2

1　組織形態　6

　　コラム①：企業グループにおける不正発生の現状　26

2　人　材　28

　　コラム②：法律事務所からの弁護士受入れ　41

3　リーガルオペレーション　42

4　重要コンプライアンステーマ―サステナビリティを中心に―　54

　　1　贈収賄　54

　　2　人　権　67

　　コラム③：紛争等の影響を受ける地域における人権デュー・ディリジェンスの強化　82

　　3　環　境　84

　　コラム④：グリーンウォッシュ　93

　　4　経済安全保障　95

　　5　AIリスク　110

　　コラム⑤：KPMGコンプライアンスフレームワークの紹介　127

　　コラム⑥：リスク管理に活用可能なITツール・サービス例　128

　　コラム⑦：知的財産戦略・活動　129

Ⅱ 目　次

5　ルールメイキング　131

第2章　法務・コンプライアンス部門改革に向けた
　　　　　ステップ　143

1　改革に向けた計画と実行　143

　コラム⑧：現状分析における成熟度モデルの活用　159

　コラム⑨：予算獲得　160

2　部門の評価・改善（KPI評価・運用）のポイント　162

　コラム⑩：KPIに基づく組織運用の取組み紹介　173

　コラム⑪：法務・コンプライアンス部門におけるパーパス・ミッション　174

第2編　インタビュー編
他社の取組みに学んで活かす

第1章　KDDI株式会社　176

法務のレベルアップに向けて継続的な取組みを実施。少人数でも複雑・高度な案件に対応

第2章　ソニーセミコンダクタソリューションズ株式会社　185

法務・コンプライアンスの役割を自ら限定せず，事業に寄り添う法務業務を実践

第3章　東京海上ホールディングス株式会社　195

連邦制のガバナンス，海外拠点人材の活用によるグローバル連携

第4章　株式会社東芝　203

リスクマネジメント・コンプライアンスの徹底した土台づくり

目　次　III

第5章　日本マイクロソフト株式会社　212

テクノロジーが未来にもたらす多様な可能性を守り育てるためルール形成に貢献

第6章　パーソルホールディングス株式会社　219

「グループ全体の中長期的な企業価値の向上に貢献する」という目的のもと，プロアクティブに法務業務を実践

第7章　三井物産株式会社　228

ビジネスの最前線で活躍するため，法務組織の改組や「経営法務人材」の育成を実現

第8章　楽天グループ株式会社　237

グループ法務連携とナレッジの蓄積・共有によりスピード感を持って事業を推進

第9章　株式会社 LIXIL　246

リーガルトランスフォーメーション＆オペレーションズ組織を通じた業務改革

第 1 編

解説編

第1章

法務・コンプライアンス部門に必要な機能を備えるための取組み

0 はじめに―求められる法務機能―

1 企業経営を取り巻く環境変化と法務・コンプライアンスリスク

(1) サステナブル経営と法務・コンプライアンスリスク

　サステナビリティが企業の経営課題として浸透した結果，サステナビリティリスクへの対応も，これまでにも増して強く要請されています。サステナビリティリスクとして対処すべき課題は，環境，人権，サプライチェーン，経済安全保障など，年々その対象も拡大を続けています。そして，これらの課題は既存の所管部署だけでは対応しきれない複合的な問題を多く含んでいます。こうした中で，法務・コンプライアンス部門は，これらのサステナビリティリスクに対し，ハードローのみならずソフトローを正しく読み解き，必要十分な対応を行うための全社的な活動の牽引が求められます。さらには，自社内のみにとどまらず，サプライチェーン全体で遵守させるための取組みや，ステークホルダーとの対話を意識した，高い水準での活動も要求されています。

⑵　グローバル・コンプライアンスリスク

　もう1つの環境変化として，グローバルにおける規制強化の流れが挙げられます。リスク環境の変化速度は加速度的に早まる一方で，ますます複雑化し，不確実性が増しています。こうした予測可能性が低下した環境に対応すべく，各国・地域も規制強化に力を入れ始めています。

　例えば，人工知能（AI）やデータ活用に関する技術革新は，次々と新たなリスクをも生み出しており，倫理面やプライバシー，さらには人権リスクを生じさせるケースも散見されます。これらを背景に，欧州連合（EU）での規制強化の動きが決定的となっており，米国・日本などを巻き込んだグローバルでの規制枠組みに影響を与えています。新たな規制枠組みにいち早く対応するだけでなく，より積極的なルールメイキングにも関与する形で，グローバルにおける自社のコンプライアンスリスクを適切にコントロールすることも，法務・コンプライアンス部門には求められています。

2　経営層が期待する法務・コンプライアンス部門のあり方

　こうした環境変化の中で，経営層が法務・コンプライアンス部門に期待するのは，法律の専門知識を活かし，ビジネスに寄り添った活動です。法律やルールを読み解き，事業に潜むさまざまなリスクを先読みしたり，リスク受容の戦略的な判断を行ったり，時に自社に有利なルール制定に関与したりすることで，事業の推進力を高めることは，企業価値向上にとって必至であるからです。しかし，現状多くの法務・コンプライアンス部門はこれらの期待に十分には応えられていません。法務・コンプライアンス部門が，自らの評価すべきリスクの範囲を「法務」に限定し，ビジネスリスクへの関与を放棄したり，未知のリスクに対して必要以上に保守的な対応を行ったりする例が散見されるのが実情です。こうした状況は，法務・コンプライアンス部門が事業推進の足かせになっているとの印象を，経営層に与えかねません。

3 法務・コンプライアンス部門の課題と変革

(1) 現状の法務・コンプライアンス部門の課題

　多くの法務・コンプライアンス部門が抱える課題の1つに，契約審査や法務相談に代表されるリアクティブ（受動的）な法務サービスしか提供できていない点が挙げられます。各部署からの相談に応じる形での法務相談や法令調査・契約審査にリソースの大半が割かれてしまうと，自ずと取り扱われる法令も，自社業種の関連法令・ガイドラインが主となってしまいます。その結果，足元のリスク評価や前例踏襲が優先され，機動的な法務評価や先回りした事業リスクの潰し込み，新規事業リスクの洗い出しなどが後回しにされやすくなります。法務・コンプライアンス部門がリアクティブな業務に終始している会社では，事業推進に係るリスクへの総合的な法務サービスを提供できていない結果，リスク対応が商品・サービスのリリースに間に合わずに事業を止める，商品・サービスリリースの間近になってリスクが発見される，といった事態が発生します。

　もう1つの課題として，法務・コンプライアンス部門の組織機能が，企業を取り巻く環境の変化に対応しきれていない点が挙げられます。各種規制対応の重要性が浸透し，法務・コンプライアンス部門の組織の全体機能は拡大傾向にある一方，既存の領域・経験の枠内にとどまり，足元課題の解決にばかり注力してしまうケースが散見されます。サステナビリティリスクに代表されるような，変化のスピードが速く，未知のリスクを含んだ領域に対して中長期的な視点でのリスク低減を図り，真の意味で企業価値向上につながるナビゲートを行うプロアクティブ（能動的）な法務機能を十分に果たしているとは言えません。

(2) 新しい時代に求められる法務機能

　上述の課題を踏まえると，法務・コンプライアンス部門は，よりプロアクティブなリスクの予防・発見・対処を行う組織となる必要があり，新事業領域・グローバルを含むガーディアン機能や，規制を解釈・運用して事業をナビ

ゲートする機能，ルールメイキングに代表されるクリエーション機能を含むプロアクティブな組織へと変革することが求められます。法務・コンプライアンス部門のあり方を示すものとして，経済産業省の「国際競争力強化に向けた日本企業の法務機能の在り方研究会報告書〜令和時代に必要な法務機能・法務人材とは〜」（2019年11月19日）がよく知られているところです。同報告書は，法務機能を「ナビゲーション機能」「クリエーション機能」「ガーディアン機能」に区分し，これらの３つの機能をバランスよく備えることの必要性を提言しています。

　本書は，同報告書に示された内容を背景に置きつつも，プロアクティブな法務・コンプライアンス部門へと変革を果たすために必要な法務・コンプライアンス機能を整理しています（ただし，同報告書の解説を目的とするものではありません）。まず本章では，「組織形態」「人材」「リーガルオペレーション」「重要コンプライアンステーマ―サステナビリティを中心に―」「ルールメイキング」の観点から解説していくこととします。

1 組織形態

〈法務組織の体制構築に係る論点〉

> 変化するビジネスモデルや規制への対応，グローバルでのコンプライアンス機能の強化等，企業が日々直面する課題に対応するためには，適切な法務・コンプライアンス体制の構築が重要です。
>
> 本項では，法務組織（本項では法務・コンプライアンス機能を担う部門・部署，会議体等の総称を指します）のあり方について，トップコミットメント，部門設計，他部門連携，グループ法務機能の観点から解説します。

本項のポイント・

1　法務組織のトップには，企業が直面する法務・コンプライアンスリスクから会社を守ることに加え，企業価値の向上に向けた経営・事業への提言を行うパートナーとしての役割が期待されます。
（→解説箇所：2）

2　売上高・従業員数等の企業規模や，企業を取り巻くリスク環境を踏まえ，法務・コンプライアンス機能を担う適切な組織を設計します。
（→解説箇所：3）

3　法務・コンプライアンスリスクに漏れなく対応できるよう，法務組織が事業部門・管理部門と連携して対応する仕組みを整備します。
（→解説箇所：4）

4　グループ全体で法務・コンプライアンス機能を整備し，人材交流やコミュニケーション機会の設計等，グループ間で適切に連携できる仕組みを整備します。
（→解説箇所：5）

散見される課題

1　経営へのコミットメント不足

　法務組織を所管する担当役員等は，法的な知見を活かし事業・経営に対し企業価値の向上に向けた提言を行うことが期待されますが，その機能が十分に果たせていないケースが散見されます。背景としては，意思決定への中止・勧告権，重要な会議体への参加等の権限が与えられていないことが挙げられます。

2　事業特性・組織規模等に適さない組織設計

　各社における法的リスクや人員体制等に応じた組織設計の見直しが行われていないことがあります。特に，事業拡大に伴い，対応の重要性が高まっているにもかかわらず，十分な組織・機能が設置されていないケースが見られます。

3　事業部門・管理部門との連携不足

　事業部門や他の管理部門との連携不足が挙げられます。例えば，事業部門から法務・コンプライアンス部門への連携が遅れ，検討が進んだ段階で重大な法的リスクを認識したため，それまでの検討が水泡に帰したというケースも見られます。案件の初期段階から法務・コンプライアンス部門が関与し，法的なリスクがある場合は指摘できるようにしておくことが重要です。

　また，管理部門との連携でも，リスク対応における所掌が明確でないことにより，各部門のコミットメントの曖昧さや過度なセクショナリズムによる対応漏れが考えられます。

4　不十分なグループガバナンス

　グループ会社における法務・コンプライアンス対応が手薄になっており，グループとしての統制が十分に効かせられていないケースが散見されます。

　背景として，特に海外子会社に顕著ですが，地理的な距離によるコミュニ

ケーションの難しさ，リソース・ヘッドカウント上の制約，国・地域による法令遵守意識の違い等が考えられます。

解　説

1　法務組織の設計に関する論点の全体像

　法務組織のあり方については，事業領域，組織規模やリスク環境等を踏まえ，自社の企業価値向上に資するよう，最適な形態を検討する必要があります。

　例えば，売上や組織規模が大きい企業や金融業等の規制業種においては，対応事項が多岐にわたるため，比較的手厚く人員を配置していたり，特定業務に関する専担部署を設置していたりすることがあります。

　他方，中小規模の企業や海外子会社など，法務機能に関するリソースを多く割り当てることが困難な場合は，法務組織として独立した組織を持たず，管理部門の担当者が他の業務と兼務していたり，いわゆる「一人法務」として担当者が単独で置かれていたりするケースも散見されます。

　以下，本パートでは，各社が法務組織のあるべき姿を検討するための一助となるよう，組織設計や組織間連携等について解説します。

　2では，法務組織の担当役員等が果たすべき機能・役割，配置例について解説します。

　3では，法務・コンプライアンス部門の組織設計パターンについて解説します。

　4では，法務組織と事業部門・管理部門との連携やその取組み上の工夫について解説します。

　5では，グループ会社間での法務・コンプライアンス機能のあり方・連携強化の方策について解説します。

【図表1-1①】　法務組織の設計に関する論点イメージ

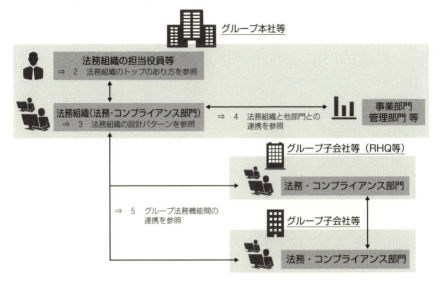

2　法務組織のトップのあり方

(1)　法務組織のトップに求められる要素
①　法務組織の担当役員等の役割

　法務組織には，法的リスクから会社を守る「ガーディアン機能」に加え，経営や事業部門等に法的支援を提供し，会社の事業や業務執行を推進する「パートナー機能」が期待されます。法務組織がそのような機能を発揮するために，法務組織のトップが大きな役割を果たします。

　法務組織の責任者は，主に執行役・執行役員等といった役職者として，法務機能を統括する職責を担います。

　その中で，まず，法務組織のトップにおいても，会社の法的リスクを低減するガーディアンとしての役割が重要となります。違反行為を食い止めるため，時には経営層や事業部門等と対立する場面も考えられますが，法務組織のトップが最後の砦として牽制機能を果たし，法的リスクから企業を守ることが求め

られます。

　加えて，新規事業の創出や事業領域の拡大を行うにあたって，企業価値増大のためのブレーンになるパートナーとしての役割も重要です。例えば，新規事業の発案や実行といった場面において，どうすればリスクを低減できるか，または既存のルールの中で何ができるかといった提案を行い，事業を前に進めていくことが期待されます。

　そして，法務組織のミッション・あるべき姿を定義した上で，自組織全体に浸透させていくようなリーダーシップを発揮し，時に組織の改革を伴いながら法務・コンプライアンス部門の機能発揮に関するドライバーとなることが期待されます。

②　法務組織の担当役員等に求められる権限

　法務組織の担当役員等が上述の役割を果たすためには，必要な権限を持つことが不可欠です。

　例えば，経営に対して牽制をかける場面では，法務組織のトップ自身が，経営層の一員として，重要な会議体等の場に参加し，経営層に対して意見を提示する権限を持ち，経営層からも意見を求められる立場であることが前提となります。法務組織のトップが，経営層の出席する会議に参加しない立場であった場合，必要に応じて，重要な会議体には参加が認められるよう働きかけることが望ましいでしょう。経営層の議論は，議事録等によってもその要旨を知ることができますが，各経営層や各部門の発言力の違いや議論の雰囲気等，文面だけではうかがいしれない情報は多く，生の議論に接しておくことは有益です。

　さらに，検討中の新規事業や特定の意思決定について法的な問題が懸念される場合に中止勧告・変更提案を行う権限を持つことが望ましいと考えられます。この点，KPMGコンサルティングとトムソン・ロイターが共同実施したサーベイ[1]（主に国内上場企業を対象）においては，法務・コンプライアンス部門のうち，問題を有する新規事業への中止勧告を実施する役割を担っていると回答した企業は18.2%にとどまっており，適切な権限による提言機能の強化が課

題と言えます。

　なお，法務組織のトップは部長級の役職者が担う場合もありますが，役員・執行役員級の役職者を組織のトップに置くことで，法務組織の地位向上や，法務・コンプライアンス人材に対して魅力あるキャリアパスを提示することにもつながります。

③　法務組織の担当役員等に求められるスキル・専門性

　法務組織の担当役員等として期待される役割を発揮できるよう，必要なスキルを備えていることが重要です。

　まず，言うまでもなく法務・コンプライアンス領域における深い知見や経験を有することが期待されます。この点，経済産業省の「国際競争力強化に向けた日本企業の法務機能の在り方研究会報告書～令和時代に必要な法務機能・法務人材とは～」[2]（2019年11月19日）によれば，法務組織のトップ（CLO：Chief Legal Officer（最高法務責任者），CCO：Chief Compliance Officer（最高コンプライアンス責任者），GC：General Councel（ジェネラル・カウンセル））に就任する役職者には，以下の要件が想定されています。

> Ⅰ）法務部門を統括していること
> Ⅱ）取締役／執行役／執行役員等の高位のポジションで，経営陣の一員としての職責を果たしていること
> Ⅲ）経験を積んだ，熟練した法律のプロフェッショナルであること

　また，法律の知識・考え方のみならず，その企業の事業特性や事業領域に関

1　KPMGコンサルティング／トムソン・ロイター「法務・コンプライアンスリスクサーベイ2024」（2024年3月）

2　経済産業省「国際競争力強化に向けた日本企業の法務機能の在り方研究会報告書～令和時代に必要な法務機能・法務人材とは～」（2019年11月19日）https://www.meti.go.jp/shingikai/economy/homu_kino/20191119_report.html

連する法規制・制度・慣行等を十分に理解していることも重要です。会社の経営方針・経営状況や事業部門の具体的な課題に対し示唆を与えるためには，ビジネスモデルの深い理解，その業界特有の知見があることが望ましいでしょう。

さらに，組織のトップとして，組織マネジメントに関するスキルを有することも期待されます。法務・コンプライアンス部門の体制整備を行うための組織設計，リソース・予算の確保，他部門との折衝・調整・協働等，取り組むべき事項は多岐にわたりますが，それぞれの観点で組織が進むべき道をトップとして示す必要があります。

(2) 法務組織の担当役員等の配置例

法務組織の担当役員等に関して，大企業では法務・コンプライアンス部門を担当する役員が置かれているケースが見られますが，会社の規模・組織形態によっては，法務・コンプライアンスの部署と他の管理部署を同一の部門内に置き，複数部署を統括する役員が設置される等，その配置は会社ごとに異なります。

以下，法務組織のトップが担うポジションの例を解説します。

● CLO／CCO／CLCO

まず，法務組織の最高責任者として CLO，CCO や CLCO（Chief Legal and Compliance Officer（最高法務・コンプライアンス責任者））などの CxO が置かれるケースがあります。

CLO は法務機能の責任者として，法的問題の解決や法的側面からの経営判断に対する助言等を行い，CCO はコンプライアンス機能の責任者として，法令を遵守するための業務の適切性の確保や仕組みの整備・運用等に重点を置くことが一般的です。法務・コンプライアンス部門が一体の場合等は CLCO を配置するケースも見られます。

法務組織のトップに CxO が置かれる場合は，M&A や新規事業等の経営イシューに関与するため，法務組織のトップとしての権限と職責が明確にされている場合が多く，法的判断と経営戦略の両面を意識した判断が促されたり，法的事

項に関する意思決定の迅速化が図られたりする等の効果が期待されます。

●ジェネラル・カウンセル

　近時注目される役職で，経営リーダーたる法律家として，ジェネラル・カウンセル（GC）を設置することがあります。

　GCは，法務領域にとどまらず，企業倫理，レピュテーション，ガバナンス，企業リスク等の広範な事項について，CEO（最高経営責任者）・取締役会等の良き相談者であり，同時に法的リスクに関する企業のガーディアンとしての役割を果たすことが期待されています。

　GCの定義は一意に定められているわけではありませんが，日本においては，執行側の最高責任者として位置づけられるケースもあれば，取締役・取締役会メンバーとして業務執行の監督といった立場から発言を行うこともあります。

　欧州や米国においては，GCは数多くの企業に見られる反面，日本企業においては，本書執筆時点ではGCが配置されているケースは必ずしも多くないのが実情であり，今後の動向が注目されます。

3　法務組織の設計パターン

(1)　法務組織の設計パターン例

　法務・コンプライアンス部門の組織形態は，大まかに以下の3つのパターンが想定されます。いずれのパターンを採用するかの判断には，法務・コンプライアンス部門の人員数や法務機能の成熟度，自社の属する業界や専門分野への対応の必要性，業務の細分化の度合い等，複数の要素が影響します。

　以下，独立した法務部門と，独立したコンプライアンス部門がそれぞれ存在する「法務部門・コンプライアンス部門独立型」，法務・コンプライアンス部門が一体となっており，かつ，他部門から独立している「法務・コンプライアンス部門一体型」，法務・コンプライアンス部門が一体であり，他の管理部門の一部署となっている「管理部門内在型」の3パターンに分けて解説します。

①　法務部門・コンプライアンス部門独立型

　法務部門とコンプライアンス部門がそれぞれ独立した組織として存在するパ

ターンです。法務機能として一定の人員規模を有する場合，担当領域ごとに専担人員を配置するケースが見られます。担当業務が細分化されることで部員の専門性は深まる一方，キャリアの幅が硬直的になりやすいことが考えられるため，定期的なジョブローテーションとあわせて運用することが望まれます。

② **法務・コンプライアンス部門一体型**

　事業部門や他の管理部門から独立し，法務・コンプライアンス部門が１つの組織として，契約審査・法務相談・制度設計への助言などの法務機能，および，法令遵守に関する体制整備・モニタリング・各種施策の規格・推進などのコンプライアンス関連機能の双方を担うケースです。①の法務部門・コンプライアンス部門独立型に比べ，法務部門とコンプライアンス部門間で連携しやすく，機動的に対応できる等のメリットがあります。

③ **管理部門内在型**

　法務・コンプライアンス機能が部門として独立しておらず，総務部門やリスク管理部門等が法務・コンプライアンス機能を兼ねるパターンです。中小企業や，大企業の海外子会社など，法務・コンプライアンス機能に関するリソースが比較的小規模な場合に，このような形態をとるケースが散見されます。少人数で幅広い業務を担当する傾向があり，特に専門的な知見が必要な場合は，外部専門家を活用し対応するケースが多く見られます。

1 組織形態　15

【図表1−1②】　法務組織の設計パターン（イメージ）

	I 法務・コンプライアンス部門独立型		II 法務・コンプライアンス部門一体型	III 管理部門内在型
概要	法務部とコンプライアンス担当部が，それぞれ独立しているパターン		法務・コンプライアンス部門が，他部門から独立し，1つの組織として存在するパターン	法務・コンプライアンス機能がコーポレート部門の一機能として位置づけられるパターン
経営層	CLO	CCO	CLCO	コーポレート部門担当役員（人事・総務部門担当役員 等）
部門長	法務部長	コンプライアンス部長	法務・コンプライアンス部長	コーポレート部長（人事部長・総務部長 等）
部署	法務部	コンプライアンス部	法務・コンプライアンス部	コーポレート部（人事部・総務部・リスク管理部 等）
所掌する機能（例）	文書・契約／訴訟／商事法務／M&A	規程整備／モニタリング／教育・研修／不正対応	一般法務／商事法務／コンプラ企画・推進／不正・不祥事対応	法務／総務／リスク管理／人事
組織規模	大きい ←————————————→ 比較的小さい			
個人の専門性	スペシャリスト ←————————————→ ゼネラリスト			

(2) 組織設計の採用にあたっての考え方

　組織のあり方を検討する際には，自社の事業規模・業界や，法務部門の人員体制・リソース，重視する領域や専門的な対応の必要性等を考慮し，組織を設計することが重要です。

　例えば，企業規模が大きく法務部門の人員数も多く配置されていたり，事業領域が多岐にわたっており各事業の専門的な対応が求められたりする場合，「①法務部門・コンプライアンス部門独立型」を採用する傾向が見られます。

　特に金融業界等の規制業種においては，法令・ガイドライン等の遵守や監督官庁への対応など，当該領域に関する統制活動について一定の人員やリソースを割いての専門的な対応が必要となることから，手厚い体制となる傾向にあります。

　他方，中小規模の事業者や海外子会社など，法務組織やコンプライアンス部門に割り当てられるリソースが比較的少なく，少人数で幅広いリスクへ対応しなければいけない場合等では，「③管理部門内在型」をとることに合理性があります。

16　第1編／第1章　法務・コンプライアンス部門に必要な機能を備えるための取組み

どのような組織設計とするかは，各社の状況・特性を考慮しながら検討する必要があり，組織規模の拡大や事業の発展に応じて，継続的に見直しを行います。

4　法務組織と他部門との連携

(1)　部門間連携の基本的な考え方

会社として法的リスクに対応していくためには，法務組織と事業部門や他の管理部門との連携が重要です。具体的には，事業を行う上で直面する法的な問題や不正等のリスクについて，ただちに法務組織への相談がなされるようにしておくことが必要となります。

また，企業の事業活動に関係する法令は多岐にわたり，すべての法令対応を法務組織が主管することは現実的ではありません。特に，特定の事業や管理機能固有の法令は，それを所掌する各部門が主体的にコントロールし，法務・コンプライアンス部門としては，主管部門と密に連携しながら，その取組みを支えていくことが現実的と考えます。

こうした法的リスクについて，各部門が自ら主体的に対応するためには，まず自部門で対応すべき法令や法的課題を明確化することが第一歩となります。事業活動の中に散在する法的リスクについて漏れなく対応するためには，各部門のリスク感度の不足や，部門間の業務の間隙にリスクが入り込むことによる取りこぼしを避ける必要があります。そのためには，はじめに，各部門において所掌するリスクや法令・制度等を明確化し，各部門の守備範囲について共通認識を持った上で，関係する部門がそれぞれの所掌する業務領域との関連で支援・牽制を行っていくことが，あるべき姿と考えます。

また，近時，重要性が高まっている人権，環境，経済安全保障，AIなどに関するリスク対応については，各社どのような部門が関わり，どの部門が主導していくか，模索している状況にあります。そのような部門横断的なリスクへの対応についても，法務組織が積極的に関与していくことが期待されます。

1 組織形態　17

(2) 部門間連携を促す仕組みづくり

　会社として法務・コンプライアンスリスクに対し，漏れなく迅速に対応するためには，法務・コンプライアンス部門と他部門間で適時適切に情報を共有し，支援・牽制を行うことができるよう，連携を促す仕組みづくりが重要です。

① 担当者の配置を通じた工夫例

Ⅰ 事業部門・部署ごとの担当制の導入

　まず，法務・コンプライアンス部門において，相対する事業部門等またはその個別部署ごとに担当者等を設置することが考えられます。担当部門ごとに必要な法令・業界知識に習熟しやすいことや，同じ担当者が担当することで，事業部門側の担当者が相談しやすい関係性を構築できる等のメリットがあります。

　複数の事業分野を持つ大企業やコングロマリットなど，各事業部門が一定の規模・専門性を有しており，法務担当者の側でもその事業分野の特性に対する知見を持つことが期待され，担当制をとることが効果的な企業には特に有用と考えられます。

Ⅱ 事業部門等への担当者派遣

　特にリスクの高い事業部門や地理的に距離のある国内外の事業会社・子会社等に対して，法務・コンプライアンス部門から常駐・出向等の形態により部員を派遣する例が考えられます。法的リスク等に関して相談しやすい環境をつくったり，派遣された法務・コンプライアンス部門担当者が連携窓口になったりすることで，法務・コンプライアンス部門全体としても速やかに事業部門や子会社を支援できる体制を構築することが期待されます。規制リスクの高い事業を展開し，事業部門や子会社において，しばしば法的判断が求められるケースに適していると考えられます。

　留意点としては，事業部門へ配置された部員においては，法務・コンプライアンス部門の一員としての一体感を抱きにくくなるため，部門全体での情報共有が薄くならないよう，配慮が求められる点が挙げられます。

Ⅲ　事業部門側における当該リスク対応担当者等の配置

　事業部門の役職員をコンプライアンス担当者として任命し，コンプライアンス対応における相談役や，法務・コンプライアンス部門との連携役を担うことも考えられます。法務・コンプライアンス対応の全般的な対応や，特定のテーマに特化した担当者を配置すること（例：コンプライアンス違反相談・通報担当者，契約書審査担当者，接待贈答等承認者　等）も考えられます。

　一定の人数・組織規模を有している企業で採用されることが多いですが，地方に多くの支店を有している等，地理的要因や拠点管理の必要性が高い企業で特に有用と考えられます。

【図表１−１③】　担当者配置のイメージ

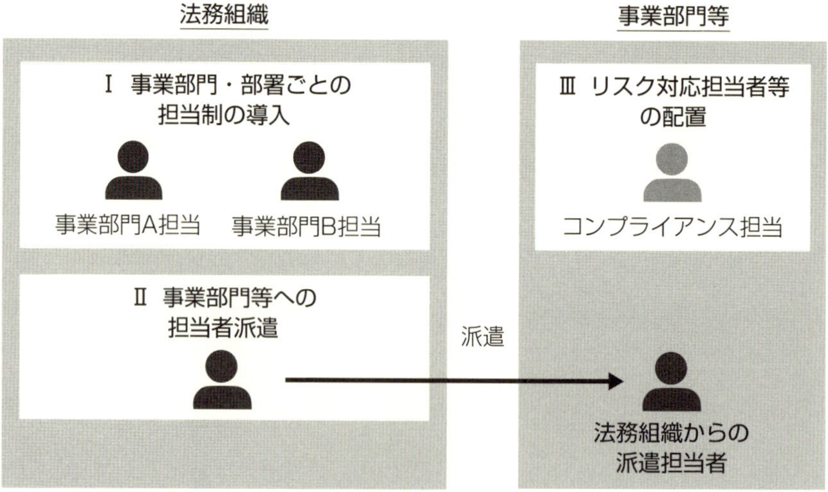

② 　コミュニケーションの機会確保による対応例

Ⅰ　定期的な報告機会・連絡会などの場の設定

　法務・コンプライアンス部門，事業部門等の担当者間等において，定期的に関連法令のアップデートや重要法令・ルールの解説の勉強会・研修会等を設けることで，事業部門側の理解を深めたり，定期的な意見交換の場を設定したり

することが考えられます。

　事業部門側の知識習得のみならず，法務・コンプライアンス部門にとっても，事業部門の業務・プロセスや普段の業務にあたっての課題・意見の収集や，円滑な連携の基礎となる人間関係の構築等も期待されます。

Ⅱ　会議体の活用

　複数の部門での討議や他部門の巻き込みを図る場として，会議体を設置することが考えられます。重要なテーマについては「コンプライアンス委員会」「リスクマネジメント委員会」といった会議体を通じて，関係部門間での対応責任の明確化・意識づけ，取組み内容に関する合意形成，取組み状況の管理・進捗把握等を行うケースも見られます。

　こうした会議体の運営においては，会議体の目的に沿った活発な議論がなされるよう，アジェンダの設定やファシリテーション等の工夫が重要となります。例えば，参加者が持ち回りで課題や取組みについて発表する場をつくり当事者意識を醸成する，参加者からあらかじめ各部門で懸念されるリスクや関心のあるテーマを募っておき事務局から情報提供を行う，外部専門家を活用し特定のテーマについて知識を深める等の工夫を行っているケースも見られます。

5　グループ法務機能間の連携

(1)　グループ間連携の基本的な考え方

①　グループ全体での体制整備

　法務・コンプライアンスリスクから会社を守るためには，グループ全体で法務・コンプライアンス体制を整備し，グループ会社間で適宜連携を行いながら対応することが重要です。近時，グループ会社によるコンプライアンス違反がグループ全体の価値を毀損する例は後を絶たず，グループとしての法務・コンプライアンスに対応する必要性はいつになく高まっていると言えます。

　リスクへの対応体制の整備にあたっては，グループ各社における対応責任者を任命し，人員を割り当てた上で，グループ全体でのルール整備および理解・

浸透，親会社による監査・モニタリング等を通じた不正行為のおそれの早期発見や，有事の際には調査および関係者の処分等を行えるようにしておくことが考えられます。

企業グループにおいて，こうした一連の対応事項を整備し，盤石な体制を築くためには，親会社とグループ会社の法務・コンプライアンス機能等との連携・支援・牽制の取組みが不可欠といえます。

②　海外子会社との連携

海外子会社においては，地理的・言語的なコミュニケーションのハードルや，法令，商慣習，リスク環境，法令遵守意識等の違いを踏まえた対応が求められます。

例えば，地域によっては社内弁護士を含む法務・コンプライアンス分野に一定程度専門性を持った人材が配置されているケースがある一方で，法的な知見・バックグラウンドを持った人材の確保が困難な場合や，人的リソースの観点から共通部門の役職員が法務機能を兼務せざるをえない場合もあります。また，親会社の求める法令遵守の意識が浸透しておらず，現地従業員への意識づけやリテラシー向上に一定の注力が必要なケースなども想定されます。

このような環境の違いを踏まえ，グループ会社が定められたルール・手続を適切に運用し，コンプライアンス違反の予防・発見・対応に向けた仕組みを整備することが重要です。

(2)　グループ法務機能の整備パターン例

企業グループにおける体制整備に向けたアプローチとして，グループ共通で対応すべき事項と，グループ各社が対応すべき事項や親会社・グループ会社間の役割分担を整理することが考えられます。

具体的には，親会社およびグループ各社の法務関連部門の役割の明確化や，地域統括会社（設置している場合）の位置づけの整理，法務・コンプライアンス関連業務に関する報告や承認事項の概要整理（グループ各社に与えられる決

裁権限の整理）等，グループとしての基本方針を明確化します。この基本方針の整理にあたっては，「親会社主導型」「子会社主導型」「地域統括会社主導型」の3パターンが考えられます。

① 親会社主導型

　親会社が中心となってグループ全体の方針・規程の作成や，各子会社の施策の進捗に関するモニタリングを行う等，親会社主導の取組みを前提とするパターンです。

　子会社の規模や機能的な制約から，体制整備のためのリソースが子会社に十分に備わっていない場合に有効です。また，近時の生成AI等の新技術の活用に見られるような新しいテーマに関しては，親会社が指針・ガイドラインを策定する等，イニシアチブを発揮しグループ会社に対してグループとしての一定の方向性を示すことが期待されます。

　このパターンはグループ全体で整合的な取組みを進められる一方で，親会社主導で現地の法規制や実態を把握するには限界があり，現地グループ会社との連携が課題と言えます。

② 子会社主導型

　グループ全体での基本方針の展開等は親会社が行うものの，具体的な施策やモニタリング活動は各子会社にて対応するパターンです。

　地域固有の規制等，個社単位で対応する必要性が高く，グループ会社に施策推進のための十分なリソースがある場合に有用です。各社の機動的な対応が可能ですが，各社の状況がブラックボックス化しないように留意する必要があります。

③ 地域統括会社主導型

　地域統括会社にて，傘下子会社への法務・コンプライアンス対応の支援・モニタリングを行うパターンです。地域統括会社が成熟しており，地域ごとの法

制度に適応しながら対応可能な場合に有用です。

　地域ごとのビジネス特性を踏まえた機動的な対応が期待できる一方で，適任者を地域統括会社内に確保するのは必ずしも容易ではない場合もあり，また親会社とのコミュニケーション不足に陥らないよう留意する必要があります。

【図表1－1④】　グループ法務機能整備の設計パターンのイメージ

	親会社主導型	子会社主導型	地域統括会社主導型
メリット	・グループ全体で整合的な取組みを進めやすい ・親会社のリソースを効率的に活用できる	・各社で機動的な対応をしやすい ・買収会社がすでに一定の体制・取組みを整備済の場合，既存の体制等を活用できる	・地域ごとの事業特性を踏まえ機動的かつ整合的な取組みを進めやすい
デメリット	・海外子会社の場合，現地規制・言語への対応ハードルが高い ・親会社の負担が重くなりやすい	・グループ間での対応の不整合や対応漏れが生じやすい ・子会社でのリソース確保が困難な場合がある	・地域統括会社における担当者の確保が容易でなく，単なる「伝書鳩」と化す懸念がある ・親会社と各子会社とのコミュニケーションが不足するおそれがある

親会社主導型

親会社 →（・施策展開・支援　・モニタリング　・進捗管理）→ 子会社 →（・施策進捗・インシデント報告　・重要案件の相談）→ 親会社

子会社主導型

親会社 →（・情報提供中心の指導）→ 子会社 →（・施策進捗・インシデント報告　・重要案件の相談）→ 親会社

地域統括会社主導型

親会社 →（・施策指示・進捗管理）→ 地域統括会社 →（・施策進捗・インシデント報告　・重要案件の相談）→ 親会社

地域統括会社 →（・施策展開・支援　・モニタリング　・進捗管理）→ 子会社 →（・施策進捗・インシデント報告　・重要案件の相談）→ 地域統括会社

　グループ間連携のあり方について3つのパターンを紹介しましたが，グループ全体で同一のパターンを採用するのではなく，拠点規模や事業内容，不正リスクに応じて，国・地域ごとに体制を設計することが有用です。また，子会社の自主性を高めるために個々の子会社の法務機能を強化する側面と，企業グループ全体の一体性を高めるために親会社による子会社の統制を強めるべき側面の，2面のバランスを考えた法務機能の設計・運用を行うことが重要となります。

(3) 連携活性化のための方策

① 担当者配置・人事交流

　グループ間で担当者配置・人事交流による，グループ間連携を図ることが考えられます。例えば，親会社の社員を国内外のグループ会社に出向・常駐させることで，方針・手続の浸透や親会社による監査・モニタリングにも活用するとともに，グループ会社固有の事業内容や商慣習の理解につながることも期待できます。

② グループ間のコミュケーション機会の設定

　グループ全体での法務機能の適切な運用には，円滑なコミュニケーションのための人間関係の構築が不可欠です。グループ共通での研修や勉強会，定期連絡会など交流の場を設定することで知識・対応レベルの向上を図るとともに，担当者同士の顔が見える関係になることで，相談・連携しやすい風土の醸成につなげることが期待できます。

　また，部門長レベルの1on1会議等，定型的な会議にとらわれず，日常的なコミュニケーションの場を持つことも，グループ間連携の促進に有効です。

③ ツールの共有

　グループ内で活用するツールを共有，共通化することも連携活性化に有効です。例えば，グループ会社間で共通する取引については，売買基本契約や秘密保持契約等，グループ共通のひな形を作成することで，契約交渉における注意点を共有することが可能になります。また，法務業務に使用するリーガルテック等の各種ツールをグループ全体で契約することで，グループ間での活用事例の紹介や，ツールベンダーからのサポートを受けやすくなる等の効果が期待できます。

④ グループ会社に求める取組み基準の策定

　グループとしての方向性を示し，グループ会社の自律的な取組みを促すため

には，グループ会社に共通する基準をまとめた「コンプライアンス管理・統制ガイド（コンプライアンススタンダード)」を策定することが一方策となります。

　コンプライアンススタンダードは，親会社およびグループ各社が最低限対応すべき事項（共通して整備すべき体制や取組み）のフレームワークと基準を定めたものです。コンプライアンススタンダードの策定により，整備すべき体制や取組みの基準を定め，グループ各社として最低限取り組まなければいけないことを明確化し，グループ間で体制や取組みの整備状況のばらつきを抑え，一定の体制整備，取組みを担保することができます。コンプライアンススタンダードの項目は通常，グローバルでベンチマークされることが多い主要ガイダンス（米国司法省の「企業コンプライアンス・プログラムの評価ガイダンス（FCPA リソースガイド)」等）の要求事項をカバーするよう策定します。

　グループ各社は，コンプライアンススタンダードに定められる対応を前提とした上で，地域特性や各社の事情を踏まえてローカルで適用されるルール，業務手続等の詳細を別途個別規程で規定します。例えば，贈収賄・腐敗防止に関する対応の場合，コンプライアンススタンダードにおいては，各社で制定する個別規程で定める項目の概要を記載し，規程では現地法令に鑑みて具体的な禁止事項・行為や組織・体制上の役割，実際に公務員等への支払を行う際の手続等を規定することとなります。

　コンプライアンススタンダードの策定にあたっては，まずはグループ会社に整備を求める具体的な体制・ルールや導入してほしい業務を起案し，詳細については親会社の関係部門および当該グループ会社の関係者と協議をしながら，求める水準について調整していくこととなります。

１ 組織形態　25

【図表１－１⑤】　コンプライアンススタンダードの概要

コンプライアンススタンダードとは	・グループ全体で最低限対応すべき事項のフレームワークと基準を定めたもの ・グループ各社は、コンプライアンススタンダードに基づき、地域特性や各社の事情を踏まえ、ローカルで適用されるルール、業務手続等の詳細を定める
策定の目的	・整備すべき体制や取組みの基準を定め、グループ各社が最低限取り組まなければいけないことを明確化する ・グループ各社におけるコンプライアンス違反の予防・モニタリング・対処に向けた体制整備・取組みを推進する
策定のポイント	・親会社の関係部門およびグループ会社の関係者と協議しながら、具体的な内容（求める水準）を調整する ・海外子会社への導入にあたっては、関連文書の翻訳と、「コンプライアンスとは？」「コンプライアンス遵守が必要な理由は？」といった基本的な事項からの現地説明が必要

コンプライアンススタンダードの構成要素（例）

区分	項目	概要
総論	トップコミットメント	経営層がコンプライアンス文化の醸成に取り組む旨を表明する
	文書管理	コンプライアンス体制の構築に必要な文書を制定・維持する
予防	方針・手続	コンプライアンスに関する方針・手続を定める
	リスクアセスメント	領域ごとのリスクの程度に比例した対応ができるように、リスクアセスメントを実施する
	コンプライアンス研修	教育・研修を通してコンプライアンス意識の醸成や自社の方針・手続の浸透に努める
発見	モニタリング・監査	コンプライアンス体制について、定期的な見直しを行う
	コンプライアンス活動報告	コンプライアンス関連活動について、経営層への定期的な報告を行う
	内部通報制度	内部通報制度等の報告制度を設置する
対応	問題発生時の報告	発生した問題について、経営層への適切な報告を行う
	内部調査	通報や発生した問題に対する適切な調査プロセスを確立する
	改善措置	問題に対する是正措置の実施、類似事案の調査等の横展開を行う
	懲戒処分	問題に対する適切かつ明確な懲戒手続を整備する
	有事対応	有事発生時には関連部署を中心とする対策チームを立ち上げ、事案の収拾にあたる

【コラム①】 企業グループにおける不正発生の現状

　企業における不正は後を絶たず，特に近年，グループ会社による不正リスクへの対応の必要性が増しています。

　KPMG FAS が実施した「Fraud Survey 日本企業の不正に関する実態調査 2022」[3]では，「過去3年間に企業グループで不正が発生した」と回答した企業は24%に上り，4社に1社の割合で不正が発生している状況です。

　また，海外子会社における不正は，親会社単体や国内子会社の不正と比較して，損失金額が大きくなる傾向があります。前述の実態調査でも，企業グループで不正の発生があったと回答した企業のうち，不正による最大損失額が1,000万円以上の割合は，親会社単体の場合が28%，国内子会社の場合が36%であるのに対して，海外子会社による不正の場合は57%と半数以上に上っています。この傾向は，会社規模の大小にかかわらず，親会社からのモニタリングが十分でないこと等により発見されるまでの期間が長くなり，これに伴って損害金額が累積するためと考えられます。

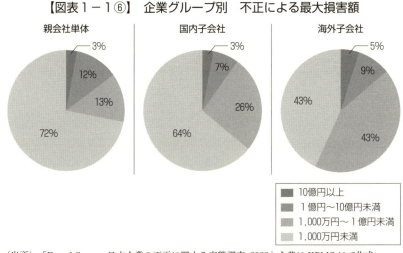

【図表1-1⑥】 企業グループ別　不正による最大損害額

（出所）「Fraud Survey 日本企業の不正に関する実態調査 2022」を基に KPMG にて作成

　このように，国内外の子会社を含めたグループガバナンスの重要性が増しているにもかかわらず，国内の企業グループにおけるグループ会社の法務部門の設置

3　https://assets.kpmg.com/content/dam/kpmg/jp/pdf/2022/jp-fas-fraud-survey.pdf

状況を見ると，約6割の企業が親会社以外には国内子会社・海外子会社ともに法務部門を設置しておらず[4]，不祥事の予防や早期発見，適切な事後対応に向けて，企業グループ内での実効的な法務機能の整備・運用が課題であると言えます。

チェックポイント

トップレベル	□法務・コンプライアンス領域を所管する担当役員を設置しているか
	□法務・コンプライアンス組織のトップは経営・事業への提言を行うパートナーとしての役割を果たしているか
組織設計	□会社規模，事業特性，規制環境等に応じた適切な組織体制となっているか
他部門連携	□担当者配置や会議体連携等の他部門連携を促す仕組みづくりを行っているか
グループ法務機能	□グループ一体で取組みを推進するため，グループ間での連携の仕組みがあるか
	□グループ会社で自律的な対応を行いつつ，ブラックボックス化を防ぐため適切なコミュニケーションの仕組みがあるか

4　米田憲市編＝経営法友会法務部門実態調査検討委員会著『会社法務部〔第12次〕実態調査の分析報告』（商事法務，2022年）より，グループ会社における法務部門の設置状況の調査結果では，国内グループ会社に法務部門を設置している企業は37.7％（1,016社中383社），海外グループ会社に法務部門を設置している企業は39.6％（811社中321社）であった。なお，本調査において「法務部門」とは，その名称のいかんにかかわらず，法務業務を主として担当・処理する部署をいう。

28 第1編／第1章 法務・コンプライアンス部門に必要な機能を備えるための取組み

2 人 材

〈人材の採用・活用における課題〉

法務・コンプライアンス部門が対応すべき業務は増加傾向にあり，法務・コンプライアンス人材の拡充は企業にとって重要な課題となっています。

一方で，自社にフィットしたスキルの人材が採用できない，採用しても短期間で離職してしまうなど法務・コンプライアンス人材の採用や採用後の定着に悩みを抱えている企業は多く見られます。

本項では，法務・コンプライアンス人材のポイントについて解説します。

本項のポイント・

1 人材要件の前提となる業務の棚卸を行い，自社にとってどのような役割・スキルを持った人材が必要かを整理します。近年は，リーガルテック等のオペレーションに関する専門性，SDGs／ESG や国際情勢への感度，事業推進や新規分野への柔軟性に着目する企業も見られます（→解説箇所：1）。

2 採用の過程で候補者に対しキャリア，働き方等に関するニーズに訴求する情報発信を行い，多様な採用チャネルを通じ効率的に採用活動を進めます（→解説箇所：2）。

3 スキルマップを活用し，部員のスキルとキャリア志向を踏まえた適材適所な人材配置・業務アサインを実現します。また，OJT や他部門，グループ会社間の人材交流等の教育機会を充実させることで対応レベルの向上を図ります（→解説箇所：3）。

4 組織ミッション達成への貢献度を評価できるよう，目標への達成度，能力，行動特性等，総合的な観点から評価を行います（→解説箇所：4）。

散見される課題 •━━━━━━━━━━━━━━━━━━━━━━━━━━━━•

1　法務・コンプライアンス人材のスキル要件や重要性に関する共通認識の不足

　法務・コンプライアンス機能の役割は広がっており法務・コンプライアンス人材の重要性が強調されていますが，必ずしもその重要性について社内で十分な理解が得られていないケースが散見されます。

　グローバルで日々変動するリスク環境に対応するため，実務経験や専門性に加え，事業への理解，新規分野への意欲・柔軟性，語学力など多様な要素が必要となりますが，そのスキル要件や重要性について社内で十分な共通認識が醸成されていないケースが散見されます。

　自社の戦略やリスク環境を踏まえ，どのような人材が必要かを認識しておくことが重要です。

2　硬直した業務分担による特定業務の属人化

　特定の人材に業務が集中し，特定業務に関するスキル・ナレッジの属人化を招くケースが散見されます。業務が1人に集中することで過重労働を招くとともに，当該人材の異動や退職によって業務品質を維持できなくなるおそれもあります。自社の業務で必要なスキルや部員のスキルを整理し，適材適所を実現する十分なジョブローテーションによりスキル，ナレッジの共有を図ることが重要です。

3　部員の求めるキャリアプラン，働き方に関するギャップ

　部員の求めるキャリアプランや働き方とのギャップが生じることで，モチベーションが低下し，人材の流出につながる例が散見されます。

　その背景として，法務・コンプライアンス人材の活躍の場が広がることに伴い，各人のキャリアパスや，ライフイベントに合わせた柔軟な働き方等，働き

方に対するニーズが多様化する中で，現状の業務や働き方との乖離が生じてしまうことが挙げられます。

　採用時に任せたい業務等の会社としての期待を示した上で採用することはもちろん，採用後も会社でどのようなキャリアを歩んでいきたいか，上長と部員との間で擦り合わせる等，ミスマッチを減らしていくことが重要です。

解　説

【図表1－2①】　人材マネジメントの全体像

Step.1 スキル・人材要件の定義	Step.2 人材の採用	Step.3 人材の活用・育成	Step.4 人材の評価
■ 必要な業務・機能の棚卸 ■ 人材・スキル要件の検討 ■ スキルマップによるスキル・人材要件可視化	■ キャリア，働き方等に関するニーズへの訴求 ■ 多様な採用チャネルの活用 ■ 日頃からの継続的な取組み	■ 適材適所を実現する人材の活用 ■ 対応レベル向上に向けた人材の教育・育成	■ 組織としてのミッション達成への貢献度を評価 ■ 複数の評価方法を併用して総合的に評価 ・目標管理 ・スキル・能力 ・コンピテンシー・行動

（対応のポイント）

1　業務を踏まえたスキル・人材要件の整理

(1)　あるべき機能・業務の整理

　法務・コンプライアンス人材の活用を進めるにあたり，まずは自社を取り巻くリスク環境や事業戦略を踏まえ，どのような機能・業務が必要かを整理します。既存の業務だけでなく，あるべき姿を踏まえ必要な業務・機能を棚卸することが重要です。例えば，自社の事業規模の拡大等の変化により，より強固な体制・取組みが必要となることも考えられます。

　また，契約書審査，訴訟対応等の従来からの業務に加え，経済安全保障，ESG／サステナビリティ，リーガルオペレーション，ルールメイキング等の

新たなテーマが日々発生する中で，自社に必要な業務を漏れなく把握することが重要です。既存業務の棚卸に加え，今後どのような機能が必要となるかを先読みし，あるべき機能・業務の姿をデザインすることが重要です。

(2)　必要なスキル・人材要件の検討

次に，必要な機能・業務を踏まえ，どのようなスキルを持った人材が必要かを検討します。

一般的に，法務・コンプライアンス対応を担う人材には，自社ビジネスが直面する法規制やコンプライアンスリスクに関する知見・業務経験が求められますが，それだけでなく，案件を前に進める推進力，コミュニケーション能力，語学能力等のソフトスキルも兼ね備えていることが重要です。

また，リスク予防においては，現場の第一線で業務にあたる人材による対応が重要です。本社コンプライアンス部門だけではなく，現場においても法務・コンプライアンス知見やリスク感覚を持った専任担当者の配置が必要となります。

加えて，企業を取り巻く環境が目まぐるしく変わる昨今においては，新しい分野への挑戦意欲を持っていることも重要です。さまざまな企業がSDGs／ESG や AI といった新しいテーマに関連するルールづくりや規制への対応に迫られており，世の中の変化に対して常に柔軟に対応することを厭わない人材の重要性が強調されています。

近時，法務・コンプライアンス業務の効率化を目的とした IT ツールの活用を進めるにあたり，法務・コンプライアンスに関する IT ツールの知見や活用実績を有し，業務改善を推進できる人材が注目されています（③リーガルオペレーション参照）。

また，地政学・経済安全保障，サステナビリティに関わるコンプライアンスリスク，ステークホルダーコミュニケーション等，法務・コンプライアンス人材の活躍の幅が広がっており，そうした知見・関連経験を有していることもポイントとなります（④重要コンプライアンステーマ―サステナビリティを中心に―参照）。ルールメイキングにおける政策渉外経験を重視し，政府・国際機

関や企業での渉外部門，政策コンサルタント経験者等を採用する例もあります（⑤ルールメイキング参照）。

(3) スキルマップによるスキル・人材要件可視化

組織のスキル・人材要件の可視化においては，スキルマップを作成することが有用です。採用戦略やメンバーの業務アサインの検討にも活用できます。

スキルマップの作成にあたっては，まず業務の棚卸を行い，人材要件を明らかにします（(1)あるべき機能・業務の整理参照）。

【図表1-2②】 スキルマップ（業務経験）のイメージ

大項目	小項目	Aさん	Bさん	Cさん	…
法規制対応	各種業法	3	4	2	…
	個人情報保護法				
	競争法，独占禁止法				
	景品表示法				
	…				
紛争対応	裁判対応				
	ADR				
	…				
コンプライアンス	方針・規程策定				
	教育・研修				
	…				
ESGリスク対応	人権施策推進				
	経済安全保障対応				
	…				
契約	契約審査				
	契約ツール挿入				
	…				
リーガルオペレーション	AI審査導入				
	業務効率化				
…	…				

スキルレベルの例
Level.1 経験はないが興味はある
Level.2 担当者として業務に携わった経験がある
Level.3 主担当としてその業務を独力で担える
Level.4 責任者としてその領域の対応をリードした経験があり，当該領域において指導・教育ができる

次に，棚卸をした業務から必要なスキルを抽出します。この時にハードスキルだけではなく，コミュニケーションや課題解決能力といった法務・コンプライアンス領域に限らず，業務遂行に必要なスキルを抽出することが重要です（(2)**必要なスキル・人材要件の検討**参照）。

スキルを抽出した後，種類やレベルごとにメンバーのスキルや業務経験の有無を整理します。その際，経験した業務・スキルだけでなく，興味がある分野や今後携わりたい分野を記載してもらい，キャリアプランの参考とすることも有用です。スキルマップによって組織の現状，強み・弱みを可視化し，どのようなスキルを強化していくか，人材戦略の検討につなげます。

【図表1－2③】 スキルマップ（能力・資格等）のイメージ

大項目	小項目	Aさん	Bさん	Cさん	…
コンピテンシー	法令に関する理解・読解力	4	3	2	
	ビジネス理解				
	事務処理能力				
	情報収集能力				
	文書起案力				
	解決策の提案力				
	組織横断・チームワーク				
	…				
保有資格・試験	弁護士資格（国内）	有	無		
	弁護士資格（海外）				
	…				
語学	日本語				
	英語				
	その他				
…	…				

スキルレベルの例
Level.1 業務を行うにあたり課題が多く見られる
Level.2 業務を行うにあたり最低限のレベルに達している
Level.3 常に研鑽・キャッチアップを重ねており，独力で案件を遂行するにあたり，十分なレベルに達している
Level.4 メンバーの業務品質を担保するとともに，指導・教育ができる
※スキルごとに定義することが望ましい

34　第1編／第1章　法務・コンプライアンス部門に必要な機能を備えるための取組み

2　人材の採用に向けた取組み

(1)　キャリアへの関心，働き方等に関するニーズへの訴求

　採用プロセスにおいては，自社で働くことの意義や働くイメージを具体的に持ってもらうため，入社後の業務や身につけられるスキル，キャリア形成プラン，働き方について，採用プロセスを通じて採用候補者に伝えていくことが重要です。

　法務・コンプライアンス人材の活躍の場は広がっており，どのような業務を経験しキャリアを形成することができるかに関心を持つ人材は増えています。経験できる業務，身につく専門性・スキル等，自社で働くことがどのようにキャリア形成に寄与するかを示すことが重要です。また，将来的なキャリアに対する不安を解消する，採用後のミスマッチを防ぐために，採用段階で担当する業務等，入社後の見通しを立てておくことも有用です。

　加えて，ワークライフバランスに対するニーズに応えていくことも重要です。働きやすい就労環境を整備し，リモートワークや育児休暇の取得等，私生活上の状況（育児・介護等）に応じて就労できる仕組みを整備することも一方策となります。定年退職後の経験豊富なシニア人材の採用，週3日勤務等，多様な勤務形態に対応する企業も見られ始めています。

(2)　人材獲得に向けた多様なチャネルの活用

　人材の獲得を効率的に進めるためには，目的に応じ複数のチャネルや採用方法を使い分け，複合的に採用を進めることが有用です。

　一般的に人材紹介会社を通じた経験者の採用は多くの企業で行われていますが，近時は，「SNS（ソーシャルネットワーキングサービス）」，社員による「リファラル（社員紹介）」，自社を退職した人を再雇用する「アルムナイ（退職者）」等のチャネルを活用する企業も増えており，採用チャネルは多様化していると言えます。特に，社員のリファラルやアルムナイからの採用は自社のことを理解した上で応募してもらえるため，採用のミスマッチによる早期離職

を防ぐ等のメリットが挙げられます。

　また，手薄になりやすい事業に対する知見・経験の獲得や他部門との連携強化を目的として，社内での異動希望者を募る「社内公募制度」も有効です。例えば，社内公募を活用し現場経験のある社員をコンプライアンス担当者として育成することが考えられます。現場での業務経験・ビジネス感覚を持ち学習意欲のある社員をコンプライアンス担当者とすることで活躍が期待できます。

(3)　人材確保に向けた継続的な取組み

　自社にとって必要な人材は他社にとっても魅力的な人材であることが多く，採用市場でも引き合いが強い人材はすぐに採用できるとは限らないため，時間をかけて探していく必要があります。人員の募集を行っていない期間であっても継続的な情報収集を行う，エージェントとの関係を強化する，社員からのリファラルを推奨するなど，日頃から人材の獲得に向けた取組みを行うことが有用です。

3　人材の活用・育成

(1)　適材適所を実現する人材の活用

①　適切な業務ローテーションによる業務属人化の解消

　業務の属人化は多く聞かれる問題です。例えば，特定の経験やスキルを要する業務が大量に発生した際に特定の人材に業務が集中し，効率的に人材を活用できていない例が散見されます。業務のアサインを検討する際には，前述のスキルマップを活用することが有用です。特定の人材に特定業務の経験やスキルが偏っているようであれば，他の人材への「ナレッジトランスファー（知識の移転）」を検討し，スキルの標準化を図り業務の属人化を防ぎます。

　また，今後どのような領域で経験を積みたいか部員の志向を把握し，育成プランを検討することも有効です。法務・コンプライアンス領域の専門性の追求だけでなく，ガバナンス・リスク管理等周辺領域での活躍，子会社経営への関与等，法務・コンプライアンス人材のキャリアパスは多様化しており，部員の

意向と会社の方向性を擦り合わせることが重要です。

② 役割・業務量に合わせたリソースの配置

　近時の規制強化やESGリスク等の新規テーマへの対応等，法務・コンプライアンス人材が対応すべきテーマは増えており，部門として適材適所を実現し効率的な業務アサインを行う必要があります。役割や業務量に見合わない過剰な人数やスキルの人員が配置されるケースも見られます。これについては部門のミッションを明確にし，対応しなければならない業務を洗い出した上で，リソース配置の見直しを行うことが考えられます。

　なお，法務・コンプライアンス業務は，法改正や事業活動の動向，対応が必要な案件数等によって業務量が変動するため，リソースの配置を考える際は業務量のピークを想定し，より安定的にミッションの実現・業務遂行を図るための工夫が求められます。社内に知見を蓄積していくべきもの・その必要がないものなどの振り分けを行いつつ，社内・社外のリソースをうまく使い分け，組み合わせていくことが必要です。

⑵ 対応レベルの向上に向けた人材の教育・育成

① 指導・教育機会の充実

　部員の対応レベルの向上を図るためには教育・育成が重要になりますが，特に，業務の属人化を防ぐためにOJT（オン・ザ・ジョブ・トレーニング）において，経験が浅い部員に対して必要な知識や案件の対処方法等をしっかりと伝えていくことが重要です。例えば，2人1組体制で業務に対応することとし，本人が伸ばしたい能力の方向性にあわせて当該業務経験の豊富な指導係を割り当てる，指導能力を養うために新人とペアを組むようにする等，指導を受ける機会・能力向上の機会を効果的につくり出す工夫を講じる例も見られます。

② 他部門やグループ会社との人材交流

　他部門やグループ会社との人材交流を教育場面として活用することも有用です。

事業部門や他の管理部門等，他部門との異動を含む人事交流，子会社出向を活用することが有効です。他部門連携を図る方策として，他部門との人事交流が有効であることは先に述べたとおり（**第1章**①4「**法務組織と他部門との連携**」）ですが，会社の事業や業務への理解を深めることで，より精緻な検討ができるようになる等，法務・コンプライアンス人材の教育の観点からも有効です。

また，海外子会社への駐在・出向等の人事交流は，グループ間での現地の法制度・商慣習の知見の獲得や，海外グループ会社との人脈形成の面でも有効です。加えて，海外経験を得る機会を提供することは，グローバル志向を持った人材のモチベーション向上も期待できます。

③　世代間のギャップを踏まえた指導

部員の指導にあたっては，世代間のギャップがハードルとなり，年配社員が若者世代の社員の考え・行動に戸惑う場面があるとの声も多く聞かれます。

例えば，若い世代では以前に比べ共働きの価値観が一般化し，昔に比べ仕事の成功だけではなくプライベートの充実を重視する人が増えていたり，終身雇用を前提とせず転職も含むキャリアを考えたりする人が多い等の傾向が見られます。

まずは，そうした仕事に対する考え方の違いが存在しうることを認識し，指導にあたることが重要です。

4　人材の評価

⑴　評価のポイント

人材の評価においては，組織と個人の成功が同じ方向を向くよう，組織の方針を踏まえ，個人に求められる行動を示すことが必要です。組織としてのミッション達成への貢献度を評価できるよう仕組みを設計する必要があります。

評価の方法・着眼点としては，目標の達成度，スキル・能力，行動特性等に着目し評価することが考えられますが，それぞれの特徴を踏まえ複数の方法を併用し自社にとって最適な方法を設計することが有用です。待遇の決定，昇進

者の選抜だけでなく，人材の課題や能力を明らかにし，今後の指導・育成方針につなげていくことが重要です。

⑵　評価の方法・着眼点

①　目標管理に基づく評価（MBO：Management By Objectives）

　まず，個人ごとの目標設定を行いその達成度合いに応じて評価を決定する方法，いわゆるMBO（Management By Objectives：目標管理制度）と呼ばれる評価手法があります。あらかじめ評価者（上司）と，被評価者（部下）との間で目標に関する合意を結び，その達成度を評価します。

　目標設定は定量・定性の両面から設定します。例えば，契約書審査業務，法務相談における処理件数・対応期日やコンプライアンス研修の実施回数，受講者数等，具体的なKPIを定め，目標とすることが考えられます。

　一方で，法務・コンプライアンス業務の性質上，訴訟・紛争対応やM&A（合併・買収）等のプロジェクトベースでの業務など定量化に馴染みにくい業務も多いため，定性的な目標をあわせて設定することも有用です。

　また，個人の目標やタスクが組織にどう貢献するかを明確にするため，目標設定において，いわゆるOKR（Objectives and Key Results）という手法が使われることもあります。組織の目標（Objectives）を設定し，その目標を達成するための要素（Key Results）に分解し，個人の目標として設定することで，個人の目標・タスクと組織の目標を連動させることができます。

　MBOのメリットとしては，社員自らが目標を考えることで自発的な行動を促すことや，社員自らが立てた明確な指標に基づいて評価を行うため，透明性が担保できることが挙げられます。

　一方で，人は良い評価を獲得するために低い目標を設定する方向にインセンティブが働くため，目標の立て方や運用には注意が必要です。また，目標管理による評価に偏っていると，突発的な案件への対応が評価されないことによる不満感や，目標となっていない業務への軽視につながるため他の評価方法と併用することが有用です。

② コンピテンシー・行動による評価

社員のコンピテンシーに着目し評価を行う評価手法があります。社員のあるべき行動や優秀な社員の行動をコンピテンシー（行動特性）として基準化し，その指針，コンピテンシーに則った行動をしているかどうかを評価するという手法です。単純な仕事の成果だけではなくどのように考えどう行動したかを評価し，各人が抱える課題の導出やどういった行動が求められるかという学びにつなげることが期待されます。

メンバーの指導，ナレッジ・スキルシェアといったチームビルディングへの貢献，突発的な案件への対応等，組織にとって重要と思われる働きをあらかじめ明示しておき，それに沿った行動をとっているかをファクトベースで拾っていくことが有用です。

メリットとして，部門最適に向けて組織の求める行動を促すことができることが挙げられますが，一方，評価者の主観によるところもあるため，360度評価の結果を参考にする等，複数の視点から補完することも一案です。

③ スキル・能力に基づく評価

業務を遂行する上で必要な，あるいは有用な知識や技術や姿勢に基づき評価を行う方法があります。例えば，特定の法分野に関する専門的知見やマネジメントスキル等，自社が求めるスキルに基づき評価項目を設定し，業務の中でそれらが発揮されたかを評価します。

メリットとして，スキル・能力の研鑽を行うインセンティブが働き業務品質の向上につながることが挙げられます。一方で，例えば，M&A 領域が得意なメンバーは M&A 案件がなければその部分について評価されにくい等，特定のスキルを発揮できるかは業務の性質や難易度等に左右される点に注意が必要です。

5　専門人材の活用

即戦力人材へのニーズから企業において「インハウスローヤー（企業内弁護士）」として法曹資格を有する人材を採用するケースが増えています。有資格

者の強みとして，法律を体系的に理解し法令の読解・解釈に長けていること，文書作成等の一定の業務能力が担保されていることが挙げられます。

　また，法律事務所での企業法務経験を有する弁護士資格者においては，多くの企業からの相談に対応した経験に基づく深い専門性を持っていることが期待されています。

　インハウスローヤーの数は2012年から2022年にかけて約4倍に増えており，ニーズの高さがうかがえます。法律事務所等で特定の領域について多様なクライアントからの相談に対応している人材も多く，企業での活躍が期待されます。加えて，海外における弁護士依頼人秘匿特権（Attorney Client Privilege）等の有資格者特有の制度活用も可能となります。

　また，司法修習を終えた新卒の有資格者を雇用する企業も増えています。基礎的な法律の知識や法的思考力といった法務の素養が備わっており，法務領域の専門家としての成長に加え，自社のカルチャー醸成を担っていくことも期待されます。

　専門人材の活用を進める上で留意すべき点としては，強み・弱みを把握した上で適切な業務のアサインを検討することが重要です。有資格者であることにより期待が高まり，弱みの部分が目立ち強みを発揮できなくなるケースも散見されますが，言うまでもなく，経験・専門性との関連性が比較的薄い業務についてはサポートが必要です。例えば，法的論点への深い専門性が期待される人材であっても，組織の中の本人の得意・不得意をしっかり理解した上で，不得意である部分は育成も含め組織として覚悟を持って採用することが必要となります。

　加えて，持っている専門性とともに本人が志向するキャリアパスとの擦り合わせも重要です。法曹資格を持っているので法令解釈や契約審査に興味があるだろうと思われていたものの，本人は体制や仕組みづくり等別の業務を志望しており，会社の求めた業務とギャップが生じてしまった例も見られます。偏見を持たず，専門性を活かしつつも強みを発揮できるよう柔軟に活用・育成方針を考えていくことが重要です。

② 人材 41

チェックポイント

自社が求める人材要件の定義	□自社の戦略やありたい姿に基づき自社の業務に必要な能力・スキル等の人材要件を定義しているか □法律知識に限らず，事業理解，コミュニケーションスキル等幅広く必要なスキルを洗い出せているか □スキルマップにより，メンバーの持つ経験・スキルを可視化しているか
人材の獲得	□採用過程において，キャリア形成や働き方等に関する候補者のニーズに訴求できているか □適切な採用チャネルを活用し，効果的に採用活動を進めているか
人材の活用・育成	□1on1を行うなど定期的にメンバーの志向性・キャリアプランの擦り合わせができているか □特定の人材に業務が属人化しないよう，スキルマップに基づき戦略的な業務へのアサインができているか □管理部門，事業部門，グループ会社等との人事交流により，法務以外のスキル・経験を身につける仕組みはあるか
人材の評価	□一面的な評価とならないよう，複数の観点から多面的な評価を行っているか

【コラム②】 法律事務所からの弁護士受入れ

　法務・コンプライアンス人材の採用・育成に悩みを抱えている場合，期限付きで法律事務所から弁護士を受け入れるという方法があります。専門性の高い問題の解決や，法律および実務に関する知識・経験の共有を通じて，法務人材の育成効果を高めることが期待できます。

　出向，常駐勤務のほか，週1回のパートタイムなど受入れ形態はさまざまです。顧問法律事務所など，日頃付き合いのある法律事務所から弁護士を受け入れるのが一般的です。大手法律事務所だけでなく，中規模法律事務所から受け入れているケースもあります。

　一方で，受け入れる側の予算の問題や，また一般的に外部弁護士は企業内業務に精通していないため，その強みと弱みを理解した上で業務を依頼する必要があります。

42　第1編／第1章　法務・コンプライアンス部門に必要な機能を備えるための取組み

3　リーガルオペレーション

〈リーガルテックツールの導入方針と法務機能〉

> 　企業を取り巻く環境の変化に伴う法務・コンプライアンス部門の業務の拡大，複雑化を受け，さまざまなリーガルテックツールが活用され始めています。多くの企業が，リーガルテックツールによる法務業務の効率化や高度化を期待して導入を検討する一方で，場当たり的に導入してしまうと，期待した効果を得られないばかりか，活用しきれないツールの導入対応に人と時間を取られ，かえって業務効率が悪化する可能性もあります。
>
> 　本項では，全体最適を志向したリーガルテックツールの導入方針の策定にあたって重要となる視点を，「ターゲット・オペレーティング・モデル」のフレームワークに沿って法務機能を整理しながら解説します。

本項のポイント

1　近年導入の必要性が高まっているリーガルテックについて，効果的な導入を行うために，法務部門のあるべき姿を踏まえた，導入方針・導入目的を明確にします（→解説箇所：1）。
2　導入方針・導入目的に沿った全体最適を実現するリーガルテック導入のために，戦略，体制，プロセス，人材，外部リソース，情報・ITの6つの観点から，業務プロセスを見直します（→解説箇所：2）。

散見される課題

1　目的不在のリーガルテック導入

　AI契約審査，ナレッジマネジメントツール，マターマネジメントツール，文書管理システムなど，さまざまなリーガルテックツールが活用され始めてい

ます。一方で，他社が行っているので自社にも導入してみよう，とりあえずは導入してみてから評価しよう，といったリーガルテック導入の本来の目的が置き去りとなったリーガルテックの導入を行う企業も散見されます。

　明確な目的を持たないままリーガルテックを導入してしまうと，費用に見合った効果が得られないばかりか，リーガルテックに読み込ませるために既存データの移行や整理が発生するなど，かえって業務効率を悪化させる結果も招きかねません。

2　場当たり的な足元業務の改善

　他方，課題となっている足元業務の効率化という点では目的が明確であるものの，あくまで当該業務の改善だけを念頭に，部分最適に力点を置いたリーガルテックの導入を進めてしまうといった事例も散見されます。部分最適のみを志向したリーガルテック導入は，他のシステムとの連携や，他の業務課題との接点の検討が不十分な結果，組織としての業務全体で見た際には，非効率な業務が介在し，使いにくさを残してしまうということがしばしば発生します。その結果，リーガルテックツールを十分に活用しきれず，当初期待していた効果を十分に感じられないという声も耳にします。中には，リーガルテックの利用を途中で断念し，解約したという事例も見られます。

3　更新基準・効果測定方法を明確にしないままの導入

　リーガルテックを導入したものの十分に活用しきれなかった，当初期待していた効果を十分に感じられなかった，期待される効果と必要な仕様の把握が不十分であった，リーガルテックで取り扱いたい既存データの整理が不十分であった，テクノロジーに関する知識・スキルを有する人材が不足していたといった事例の多くは，リーガルテックの導入によって実現したい姿を事前に描き切れていなかった，ということが根本的な原因であったと考えられます。

　実現したい「あるべき姿」を具現化しておかなければ，自社にとっては余剰な機能まで導入してしまい，費用対効果も薄れてしまいます。まずはリーガル

テック導入の前に業務の全体再設計まで考慮した戦略を立案することが肝要です。

解　説

1　リーガルテック導入の検討

⑴　背　景

　近年，複雑な規制要件，デジタル化の進展などにより，企業を取り巻く環境は大きく変化しています。これに伴い法務・コンプライアンス部門の担当業務は，従来の法務相談や契約審査業務だけでなく，新規規制への対応，グループガバナンスの強化，経済安全保障など，ビジネスリスク全般に拡大し，難易度が高まっています。要求される法務機能が拡大する一方で，法務・コンプライアンス部門のリソース逼迫を課題視する企業は多く，法務の期待役割を果たすための体制・基盤が不十分であるというのが現状です（「法務・コンプライアンスリスクサーベイ2024」（KPMGコンサルティング・トムソンロイター共催）では，77.3％の企業が法務・コンプライアンス部門の人材が不足していると回答）。こうした中，従来からの法務業務を効率化することでリソースの逼迫を緩和するとともに，より難易度の高い法務業務に対応可能な法務・コンプライアンス部門への変革を果たすべく，リーガルテックへの期待が高まっています。

⑵　リーガルテック導入の方針

　リーガルテックの導入検討にあたって最も重要なことは，「全体最適」を志向した方針を策定することです。リーガルテック導入によって目指す組織の姿や実現する戦略・方針を明確にし，それらの目的を実現する手段としてリーガルテックが位置づけられるべきであるためです。しかし，実際には，足元の業務課題の解決にばかり注力し，全体最適を無視した個別の業務要件整理を実施する事例が散見されます。足元の業務課題の効率化にのみ着目して，部分最適

を志向したリーガルテックツールの導入では，導入後の全体プロセスとの整合において歪みを生みやすく，組織として実現すべき目的を見失い，業務全体ではかえって非効率を招くという事態に陥りやすくなります。

2　ターゲット・オペレーティング・モデル（TOM）の活用

では，全体最適を実現できるリーガルテック導入は，どのようにすればスムーズに進められるのでしょうか。それには，自社の法務・コンプライアンス部門が有すべき法務機能が何であるかを整理することが重要です。ここでは，KPMGが提供する「ターゲット・オペレーティング・モデル（TOM）」に沿って，6つの視点（①戦略，②体制，③プロセス，④人材，⑤外部リソース，⑥情報・IT）に分解し，全体最適なリーガルテック導入に向けた法務機能のあり方を整理します。

【図表1－3①】　ターゲット・オペレーティング・モデル（TOM）
　　　　　　　―法務機能6要素

46 第1編／第1章 法務・コンプライアンス部門に必要な機能を備えるための取組み

【図表1－3②】 KPMG の法務機能改革の全体像

| あるべき姿の策定 | オペレーション最適化 | あるべき姿の実現 |

企業ミッション

戦略

ビジネスの方向性

あるべき姿の実現に向けた目標・方針策定

組織規模・体制 等

体制
戦略的な体制の設計・人材配置

人材
計画的な人材育成・採用やローテーション

プロセス
重要・戦略的な業務への集中、定型業務の効率化

外部リソース
代替性のある業務の委託、外部専門家の活用

ITツールの活用、ナレッジマネジメントの強化

📶 情報・IT

定型業務の標準化・自動化、外部リソースの活用による効率的な業務遂行

戦略に沿った法務機能の実現

戦略的な人材配置や重要な業務への集中等によるリソースの最大限の活用

(1) 戦 略

　最初に検討すべきは法務・コンプライアンス部門の戦略・方針です。経営層の法務・コンプライアンス部門に対する期待，企業のミッション，ビジネスの方向性，組織規模・体制等にも配慮し，自社の事業戦略に沿った法務・コンプライアンス部門の役割を具体的に描き直すことで，あるべき法務機能の目標・方針を整理します（法務・コンプライアンス部門における「あるべき姿」の設定は第2章①に詳述）。

　リーガルテック導入の観点においても，法務・コンプライアンス部門の戦略・方針を出発点とすることは重要です。実現したい法務・コンプライアンス部門の姿によって，リーガルテックの導入目的が変わるためです。例えば，法務相談の実績をデータベース化するツールの事例で考えてみます。各部が入力した相談とその回答を記録・管理するだけであればファイル管理ツールや画一的なデータベースなどを使えば実現することができてしまうようにも思えます。しかし，リスクの早期発見による予防・対処機能を重視することで経営に資する法務・コンプライアンス部門を目指している場合には，単に回答管理ができるだけでは不十分です。より早くリーガルリスクを検知することを目的とした場合には，法務相談より前に，案件の発生を把握可能なマターマネジメントツールが必要になります。

　このように，法務・コンプライアンス部門がどうあるべきかの方針を踏まえ

て，経営に資する法務業務を実現するために必要なツールという視点でリーガルテックの導入を検討することが第一歩となります。

(2) 体　制

　法務・コンプライアンス部門の戦略や方針を設定した後は，その実現に向けた最適な体制を検討します。ここでは，必ずしも現行の体制を前提とする必要はありません。外部環境の変化や経営が期待する法務の役割を果たすため必要となる組織・体制の設計が求められます（**第2章①に詳述**）。

　リーガルテック導入と体制の関係においては，リーガルオペレーション専従の組織を法務・コンプライアンス部門内に置くかといった観点が検討されることになります。先進的な企業の中には，リーガルオペレーションの重要性に早期に着目し，専従組織を置いている事例も見られます（**第2編日本マイクロソフト株式会社，株式会社 LIXIL の事例参照**）。

(3) プロセス

　次に，法務・コンプライアンス部門の業務プロセスに焦点を当てます。業務プロセスの見直しにあたっては，法務業務を「リアクティブな業務」と「プロアクティブな業務」に分類した上で，リアクティブな業務の効率化とプロアクティブな業務の深掘りの両面で進めることが重要です。

　ここで，リアクティブな業務とは，契約審査や法務相談に代表される，各部からの相談を待って行われる受動的な業務を指します。従来からの定型的な法務業務の多くが，このリアクティブな業務に振り分けられます。これらの業務を軽視してよいということでは決してありませんが，より経営に資する法務・コンプライアンス部門への変革を果たすためには，定型業務は効率化に向けた，業務フローの見直しの対象となります。

　他方で，プロアクティブな業務には，より多くのリソースを割き，組織として果たすべき機能を深掘りしていくことが求められます。プロアクティブな業務には，未知のリスクへの対応や新しい規制リスクへの対応に加えて，ビジネ

スリスクや組織横断的なリスクへの積極的な関与が含まれます（例えば**第1章4重要コンプライアンステーマ**に挙げられた各種リスク）。これらの横断的なリスクへの対処は，結果として「法務」以外のリスクを含む，経営リスク全般への関与につながります。

これらのプロアクティブな業務を実現するためには，法務リスクごとに個別的に対応・管理する従来の手法ではなく，案件ベースで発生するリスク事象を統合的に管理するマターマネジメント（案件管理）が効果的です。

【図表1-3③】　マターマネジメント

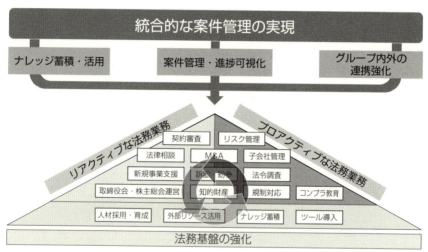

(4) 人　材

法務・コンプライアンス部門の変革に向けては，法務体制や業務プロセスを踏まえた，適切な人材の獲得と育成が欠かせません（**第1章2人材**）。特にリーガルテック導入との関係では，リーガルオペレーション人材を配置する場合にどういったスキルセットを求めるのか，という観点の検討が重要です。

そもそも，法務・コンプライアンス部門内にはリーガルオペレーション人材を置かず，IT部門がこれに対応する企業が多く見受けられます。しかし，法務・

コンプライアンス部門の機能や法務業務の理解に基づきリーガルテックを導入するという観点では，法務・コンプライアンス部門内にリーガルオペレーション人材が配置されていることが望ましいといえます。リーガルオペレーションの分野で先進的な取組みを行う企業の中には，IT 知識よりも法務業務の理解を優先し，法務・コンプライアンス部門内のリーガルオペレーション組織に法務経験者を配置している事例も見られます。(**第2編株式会社 LIXIL の事例**参照)。

(5) 外部リソース

目指すべき法務・コンプライアンス部門の実現に向けては，社内人材での対応だけでなく，外部リソースの活用も検討することになります。すぐには人材育成が難しい専門的な業務やスポットで発生するデジタルフォレンジック等の法務業務などについては，外部パートナーシップを活用するほうが，効果的かつ効率的であることが考えられます。また，専門人材として弁護士の活用も考えられます (**第1章2人材**)。外部人材の活用において，先進的な取組みを行う企業の中には，弁護士事務所からの出向を積極的に受け入れ，社内人材と外部人材が一緒になって活躍することができる環境を用意する企業も見られます (**第2編三井物産株式会社の事例**参照)。外部リソースを高度に活用するためには，委託先を管理するという視点だけでなく，外部から来た人材が早期にキャッチアップできるためのナレッジの強化など，基盤となる環境の整備も同時に必要になってきます。

(6) 情報・IT

法務・コンプライアンス部門の業務の効率化・高度化に向けては情報・ITツールの活用が不可欠です。特に(3)プロセスにおいて分類したリアクティブな業務は IT ツールによる効率化と相性が良い業務が多く，よりプロアクティブな業務に注力するためにも情報・IT ツールの活用に向けた検討が必須です。近年の在宅勤務の増加とともに，電子契約システムや AI による契約審査・契約書管理システムなどさまざまなリーガルテックツールが浸透してきており

50 第1編／第1章 法務・コンプライアンス部門に必要な機能を備えるための取組み

（一例として【図表1−3④】参照），以下では，特に注目されているマターマネジメントシステムと生成 AI の2点を中心に，ツールの活用を具体的に検討します。

【図表1−3④】 ツール一覧

テーマ	システム・ツール例
文書管理	文書管理データベース・システム
案件管理	マターマネジメントシステム，プロジェクト管理システム，リソース管理システム
タレントマネジメト	タレントマネジメントシステム（社員のスキル，評価歴等）
チームコミュニケーション	テレコミュニケーションツール，チャットツール
ワークフローシステム	進捗管理，書類更新フロー管理システム
契約締結	電子契約システム，サイン自動化ツール，タイムスタンプ，クラウド型契約書管理システム
法務業務委託・訴訟管理	法令データベース，法令・訴訟データ解析ツール
その他	チャットボット，生成 AI，自然言語処理ツール，プロセスマイニング，レポート作成効率化ツール

① マターマネジメントシステムの活用検討

　マターマネジメントシステムとは，契約締結・管理，文書管理，マターマネジメント，委託先管理等の複数のシステム機能を包含し，法務・コンプライアンス部門が関与する案件情報を総合的に管理するツールのことです。

　マターマネジメントシステムの導入効果は大きく2つを挙げることができます。1つは，案件の帰趨が可視化されることで，リスクの早期把握や横断的な対処が行いやすくなる点です。前述のプロアクティブな法務業務の推進を支える上で，誰がどの業務にどの程度の時間関与しているかを把握できるマターマネジメントシステムは非常に効果的なツールとなります。

　もう1つは，ナレッジマネジメント機能としての効果です。過去の案件と現

在進行中の案件について，何が審査され，どのように評価・コメントしたかといった情報がマターマネジメントシステム上で一元的に管理されます。ブラックボックス化されやすい法務業務において，その評価プロセスや各部門とのコミュニケーション履歴が蓄積されることで，これまで散逸していた情報の集約管理が可能となります。

② 生成 AI の活用検討および留意点

　最新の IT テクノロジー活用例の 1 つに生成 AI の活用が考えられます。生成 AI のポテンシャルは高く，有効に活用することで法務業務の効率化・高度化に大きく貢献することが考えられます。ここでは法務業務への生成 AI の活用事例について整理します。

Ⅰ　リーガルリサーチへの活用

　生成 AI を活用したリーガルリサーチサービスの提供はすでに始まっており，こうしたサービスの活用により，これまで人が読み込み，理解・整理してきた膨大な法令調査や文献の要約を簡単に行うことが可能となります。さらには，膨大な資料情報から適切な情報を見つけ出すことができる生成 AI の特徴を活かし，米国訴訟におけるディスカバリ制度を念頭に置いた情報検索・整理や，過去の事件や訴訟結果に基づいた訴訟戦略の策定を支援するツールとしての活用も提案され始めています。

Ⅱ　契約書作成・審査への活用

　これまでも AI を活用した契約書作成支援・審査を行うリーガルテックサービスはありましたが，生成 AI の活用によるサービスの向上が見られるようになっています。

　例えば，対象となる契約書のレビューにあたって，遵守すべき社内ポリシーと契約書をアップロードすることで，関連する条項，矛盾やリスクを特定し，修正すべき点をアラートするサービスなどが提供され始めています。生成 AI

が得意とする，テーマごとの文章の要約や解釈に関する機能を活用することで，より複雑なリスクへの対応が可能になることが考えられます。

Ⅲ　社内法務相談への活用

　これまで法務相談回答の自動化には，チャットボットの活用が主流でした。しかし，チャットボットはあらかじめ法務・コンプライアンス部門が準備した想定問答とキーワードに沿って，回答が出力されているにすぎないため，回答できる質問の複雑さに限界がありました。そこで，API接続等で社内システムに生成AIを接続させ，法務相談回答を自動化する方法が考えられます。これまでのチャットボット回答のような簡易的な回答に加え，より踏み込んだ質問にも回答が可能になります。リアクティブな業務の効率化を目指す法務・コンプライアンス部門にとっては，各部からの簡易的な相談の前裁きを期待できるツールの1つとなります。

Ⅳ　活用に向けた留意点

　ここまで，すでにサービス化が進んでいる生成AIによる法務業務支援を整理してきました。リアクティブな法務業務の改善という観点からも，生成AIの活用可能性は日増しに高まっています。他方で，生成AIの利用には特有のリスクも含まれます。例えば，多くの生成AIは学習済みモデルの状態で展開されており，回答プロセスもブラックボックス化されています。そのため，出力される情報の根拠が明確ではなく，プロセスの確からしさを検証することができないという点は，大きなリスクとなります（その他，生成AIのリスクと対応については**第1章4重要コンプライアンステーマ（AIリスク）**を参照）。

　上記のようなデメリットはあるものの，あらゆる質問に回答することができる生成AIの活用は，業務の効率化・高度化の観点において有用です。一般的・客観的な助言に関する質問に利用する，法務相談の前裁き的な機能として活用するなど，一定の社内ルールを定め，所定の利用範囲での有効なツールとして活用を検討することも考えられます。

チェックポイント

リーガルテック導入の視点	□リーガルテック導入にあたって，導入の目的・方針を明確化できているか □法務・コンプライアンス部門がどうあるべきかを踏まえ，法務・コンプライアンス部門全体の方針・プロセスに適合することを重視した方針を立てられているか
戦略	□リーガルテック導入の前提として，法務・コンプライアンス部門の戦略や方針に基づく，法務・コンプライアンス部門としてのあるべき姿が描けているか
体制	□現体制が，法務・コンプライアンス部門のあるべき姿を実現可能な体制として組成されているか □リーガルオペレーション組織の組成の必要性について検討できているか
プロセス	□現在の法務業務について，効率化すべき業務と，リソースをかけて取り組むべき業務に峻別できているか □リアクティブな業務を効率化の対象とすべきであることが組織全体に浸透できているか □各部門からの相談を受ける以前から案件を把握し，プロアクティブなリスク予防・発見・対応が行えるプロセスの改善を行っているか
人材	□あるべき姿を実現するために必要となるスキルセットが一覧等により明確になっているか □リーガルオペレーション人材としてどのようなスキルセットを求めるかが，明確になっているか
外部リソース	□外部リソースの活用に関する方針が部内において明確になっているか □支援・採用等により加わる外部人材が活躍するために必要な環境の整備が行われているか
情報・IT	□最新のリーガルテックツールについての情報収集が行えており，導入検討ができているか □マターマネジメントシステムの導入が検討できているか □生成AIの活用が検討できているか

4 重要コンプライアンステーマ ―サステナビリティを中心に―

〈期待される機能・役割および各リスクテーマのポイント〉

> サステナビリティ経営において，法務・コンプライアンス部門の活躍の余地も広がっています。近時の重要テーマを中心に，そのリスク概況やそのリスク対応上のポイント，法務・コンプライアンス部門に期待される役割・対応例を解説します。

1 贈収賄

本テーマのポイント

- 贈収賄に関するリスクの特徴としては，違反行為に対する制裁として高額の制裁金や役職員の身体的拘束を伴う罰則が科せられる場合があるなど，関係当局による処分のインパクトが大きいことが挙げられます（→解説箇所：(1)）。
- 贈収賄の発生を防止するための方策の検討にあたっては，例えば，米国の海外腐敗行為防止法（FCPA）の関連ガイドライン（FCPAリソースガイド）では企業に求められるコンプライアンス・プログラムが示されており参考になります。具体的には，「ポリシー・規程の整備」「リスクアセスメント」「全社教育の実施」「違反報告・対応体制の整備」などが求められることになります（→解説箇所：(2)①②）。
- 過去の贈収賄の事例ではエージェント等の第三者が介在するパターンが多数であったことを踏まえると，「ビジネスパートナー等に対する自社の方針の伝達・要請」「第三者と取引に入る場合の審査手続の整備」「違反発見時の対応の整理」等についても重点的に検討していくことが考えられます。これについては，契約締結や経費等の支出等の具体的な手続・ルールを所管する関連部門と連携しながら体制を構築していくことが重要です（→解説箇所：(2)③）。

(1) リスク概況

① 体制整備の必要性

　汚職・贈収賄の防止は，特にグローバルにビジネスを展開する企業においては避けて通れないテーマです。

　従来から，企業が国際的な取引を行うにあたっては公正な競争を確保することが不可欠であるという理念の下，日本でも「OECD 外国公務員贈賄防止条約」の署名を経て，「不正競争防止法」において外国公務員への贈賄について刑事罰が導入されたり，経済産業省から「外国公務員贈賄防止指針」が公表・逐次改訂されたりするなどの取組みが見られます。また，近年においても，「国連グローバル・コンパクト」や「OECD 多国籍企業行動指針」での言及に加えて，SDGs の169のターゲットにおいても腐敗・贈収賄の防止が掲げられるなど，これを根絶することは重要な社会的課題の１つとなっています。

　現実に，贈収賄は海外で事業を行う企業にとっては特にリスクに接しやすい環境にあり，対応の必要性が高いテーマともいえます。

　例えば，海外において公共事業や許認可等を要する事業を行ったり，行政・税務・輸送等に関する手続において公務員と接触する機会がある場合，贈収賄のリスクに直面する可能性があります。特に途上国においては，先進国に比して腐敗認識指数が低く，公務員の側から賄賂を持ちかけるケースがあるなど，リスクに接する機会が比較的多く見込まれる一方，規制当局による法の執行・運用が恣意的であることも想定されます。このように，相手方から働きかけがなされたり，自社の責任を適切に主張しなければならないケースがあることも踏まえつつ，贈収賄の発生を防止するための体制整備が必要です。

② 贈収賄リスクの特徴と第三者管理の必要性

　贈収賄の防止に関する具体的なリスクとしては，大きく次の項目が挙げられます。

- 制裁による影響が大きく，制裁金が数百億円規模の高額に上ったり，役職員の身体的拘束を伴ったりすることがあること
- 法令によっては，仮に贈収賄の実行行為等が海外で行われた場合においても，一部の行為が自国領域内で行われていた等の要件に該当する場合，自国の法令の適用（域外適用）があること
- 各国の法令により，民間人・民間企業同士の贈収賄も処罰される可能性があること
- エージェントや第三者を介して贈収賄が行われるケースが多数であること

　この中でも企業がリスク管理において特に留意したいのは，エージェント等の第三者を介在させた取引です。

　不適切な利益の供与が行われる場合，例えば，公務員等に対して金銭等で直接の利益供与を行うことは摘発されるリスクが高かったり，供与する側の企業の会計処理の面でも問題が露見しやすかったりすることから，エージェント等の第三者を経由し，旅費や間接の支払等の形態をとって実行されるケースがしばしば見られます。

　実際に介在する第三者の種類やその契約の形態は多岐にわたります。一例としては，販売・マーケティング・旅行等のエージェントへの対価を支払うという形をとって，公務員等と関係する企業を第三者として起用し，そのエージェントから相手方に賄賂の支払が行われるケースなどが挙げられます。この他にも，過去の事例ではコンサルティング会社を用いたり，特定の子会社を経由したり，その他，弁護士や会計士を通じて行われるケース等も見られます。

　多様な利益供与の形態が存在する中で，第三者管理を適切に行うには，契約において第三者が介在することの合理性・経済性の確認や，過去のネガティブ情報が存在しないか等の適格性の確認，不適切行為の兆候が発見された場合に契約解除措置を取れるような手段の確保等の対応が必要です。

　そして，こうした管理を行うためには，法務・コンプライアンス部門の努力のみならず，契約や支出を管理する部門等との連携や，グループ企業，海外の

子会社等に対する方針の徹底，取引の相手方や第三者へ働きかけながら対応する必要があります。

　一般に，会社の内部で複数の部門を巻き込みながら体制整備を行うこと，また，取引関係において関与する第三者にも，自社のルールに協力を求めていくことには，相応の熱意・リソース・体力が求められることになります。それでも，この分野に取り組む必要性として，社会的意識の高まりという文脈は無視できません。近時，企業活動全体を通じてコンプライアンスを徹底し，企業グループ全体として信頼を維持・獲得する必要性がますます叫ばれています。従来は，自社における体制整備を行っていれば良かった事柄についても，関係者にも遵法性を働きかけたり，関係者において不適切な行為・その兆候が見られる場合は，そもそも取引関係に入らないなど，自社の側から積極的な対応を取っていくことが求められており，一種のデファクトスタンダードとなっています。こうした観点からも第三者管理に関する取組みの必要性は一層高まっているということができます。

(2)　対応上のポイント

①　整備すべきコンプライアンスプログラムの理解

　企業が贈収賄防止に関する体制整備を行うにあたっては，米国の海外腐敗行為防止法（FCPA）および英国の賄賂防止法（Bribery Act：UKBA）に関連して，両国の当局から発出されているガイドラインを参照することが有用です。

　両法は一定要件下で米国や英国外で行われた贈収賄についても適用（域外適用）されており，実際に数百億円規模の制裁金が科せられるケースが毎年のように見られる状況があります。こうした執行の実績が多い当局の持つ着眼点は参考になります。

　具体的には，両国の規制当局が公開するガイドライン（米国：FCPA リソースガイド，英国：UKBA ガイダンス）では，企業が整備すべき効果的なコンプライアンスプログラムが明示されており，各社が贈収賄防止に関する体制づくりを行うにあたっての，自社の現在地と自社が目指すべきゴールを理解する

助けとなります。

　こうしたプログラムを参照し，「ポリシー・規程の整備」「リスクアセスメント」「全社教育の実施」「違反報告・対応体制の整備」等の項目を整備していくことが基本となります。

【図表１－４①】　FCPAリソースガイド(米国)およびUKBAガイダンス(英国)における要求事項

FCPAリソースガイド（米国）	UKBAガイダンス（英国）
贈収賄防止に有効なコンプライアンスプログラムの視点 ●贈収賄防止への経営層のコミットメント，贈収賄防止方針の明示 ●行動規範およびコンプライアンスポリシー・手続 ●リスクアセスメント ●第三者に対するデュー・ディリジェンスの実施 ●M&A前のデュー・ディリジェンスおよびPMI（Post Merger Integration） ●研修，継続的なコミュニケーション ●効果的な人事制度と懲罰基準の策定 ●継続的な改善 ●有効な内部通報制度の設置と効果的な内部調査の実施 ●独立性と十分なリソースを備えた監督 ●不正行為の調査，分析および救済（2020年改訂により追加）	UKBAガイダンスで定める６原則 ●事業に内在する贈賄リスクに応じた措置（Proportionate Procedures） ●トップレベルの経営責任者による贈賄防止措置への関与（Top level Commitment） ●贈賄リスクの定期的な評価・書面化（Risk Assessment） ●自己のためにサービス等を提供する関係者に対する適切なデュー・ディリジェンス（Due Diligence） ●研修などのコミュニケーションを通じた，贈賄防止措置の周知（Communication including training） ●贈賄防止措置のモニタリング，改善（Monitoring and review）

　その上で，両ガイドラインに準拠した基本的な体制整備に加えて，自社が実際に事業を行っている国・地域の法令における法規制等を踏まえた追加的な対応についても考慮が必要となります。例えば，特定の国・地域によっては，民間企業間での不適切な利益供与が禁止されていたり，国・地域によっては社会通念上許容されうる金額の考え方が異なっていたりするなど，各国・地域の

法・制度・商慣習を踏まえたローカライズを行うことで，必要かつ十分な体制整備を行うことができます。

② コンプライアンスプログラムの各項目の整備

上述のガイドラインで示されたコンプライアンスプログラムを踏まえると，具体的には，以下のような贈収賄防止に関する施策を整備・推進していくこととなります。

〈具体的な施策例〉

予防	・トップメッセージの発信等を通じたコンプライアンス文化の醸成 ・贈収賄に関するポリシー・規程および具体的な関連プロセスの整備・明確化 ・リスクアセスメントによる高リスク・低リスク領域の特定と，リスクベースアプローチの実践 ・全従業員を対象としたコンプライアンス研修の計画・実施 ・第三者との契約等にあたっての契約の合理性の審査・継続的なモニタリングの仕組みの構築と運用
発見	・違反行為の発見時の報告ルールや内部通報制度の整備
対応	・違反行為の調査・解明および懲戒に関する手続等の整備

こうした施策について，法務・コンプライアンス部門は自らがリスクを所管する部門の1つとして，贈収賄防止に対する責任者等の組織体制の検討のほか，各国・地域の法令に抵触しないような形で接待・贈答・寄付に関する承認ルールの整備，法令や自社ビジネス・商流の理解を通じてリスクの高い領域の特定，業界や事業を実施している国や地域における過去の摘発事例を踏まえた研修資料等の作成，トップメッセージの発信等について経営層と議論するなどといった取組みを推進していくことが考えられます。

そして，第三者管理に関しては契約部門，懲戒手続に関しては人事部門などの関係部署と連携し，検討が必要な観点を提示することで関連ルールの策定を

支援するといった関わり方をしていくことが不可欠です。

　例えば，接待・贈答等に関する経費支出にあたって，事前承認制度を導入することとした場合，仮に法務・コンプライアンス部門がその審査に関与するルールを設計しようとしても，支払業務を所掌し，支出に関する最終的な承認権限を有する経理部門が関与しない限り実効性のあるルールの設計は難しいことが想定されます。また，違反行為に関連して役職員に懲戒処分を実行しようとしても，懲戒に関する規程・基準を所管する人事部門においてルール整備が行われていなければ，有効な処分は実行されません。

　さらにこうした取組みにおいて実効性を高めていくには，実際に各国・地域で事業を行っている拠点・グループ会社との連携が不可欠であるという点にも留意が必要です。

　例えば，ルールの整備を例にとると，自社企業グループ全体に適用する方針であるポリシー，基本的な体制・役割・遵守事項等を定めた規程のほか，接待・贈答等の実施や経費の支出等に関する具体的な実施・承認手順や判断基準を示したガイドラインを定めることになります。これについて，特に海外拠点を抱える場合には，各国・地域における贈収賄規制や社会通念・商慣習等を踏まえながら，接待・贈答に関する経費等支出の考え方等について実態に即したルール・プロセス設計をしないと，せっかく策定したルールが形骸化することにつながりかねません。法務・コンプライアンス部門において，各国・地域拠点と情報交換しながらガイドラインの内容を整理したり，反対に，ガイドラインのローカライズは現地に任せて，法務・コンプライアンス部門はその取組みを支援する形がつくられたりすると，実効的なルールを整備することができます。そしてポリシー・規程・ガイドラインを定めた後も，その取扱いを徹底していくには，現地の法務・コンプライアンス担当者と連携をとり，内容の解説や，取り組むにあたっての課題の確認，浸透させていくための丁寧な取組みが必要となります。

　人員やリソースの制約がある中で，各拠点や子会社と目線を合わせながら，意識の浸透，ルールの徹底，施策の推進をリード・支援する役割が求められま

す。

③ 第三者管理に関する体制の整備

Ⅰ 予防・発見・対処によるアプローチ

　コンプライアンスプログラムの各項目の整理の中でも，自社の企業活動全体を通じて腐敗・贈収賄を撲滅していくという視点に立つと，繰り返しその重要性を強調しているとおり，第三者管理について重点的な対応が求められます。

　具体的には，贈収賄の予防・発見・対処の各観点で，取組みが必要な事項を洗い出すことが望ましいです。

　贈収賄の発生予防のためには第三者への啓発・取引時の審査の実施，違反行為等の発見のためにはモニタリング・報告体制の整備，違反行為等を発見時の適切な対処のためには，契約措置に関する法的手段を確保していくといった対応をとることで，第三者管理に関する強固な体制を整備することができます。

【図表１－４②】　第三者管理に関する対応の例

予防	方針等の伝達・要請	●第三者，ビジネスパートナーに対する自社の方針・手続の伝達，定期的な研修・啓発の実施 ●第三者，ビジネスパートナーに対しての贈収賄防止に関する遵守・誓約の要請
	ルール・手続整備	●第三者と取引に入る場合の審査プロセス・審査項目の構築・明確化（第三者の役割，ビジネス上の合理性，支払の実施時期，外国公務員等との関係性に関する審査の実施）
発見		●第三者に対する継続的なモニタリングの実施 ●グループ会社・関連企業からもアクセス可能な内部通報ルートの整備
対応		●第三者との契約条項において，調査・監査に関する権限，違反行為等発見時の解除に関する条項の確保

Ⅱ 取引段階に応じた着眼点の確認

予防・発見・対処の考え方により基本的な対応事項を整理した上で，より詳細かつ具体的な検討観点を明確化するには，実際の取引の流れに沿って考えていくことが有用です。

この点，一般にサードパーティリスク管理においては，①取引前，②新規取引時，③取引継続中といった各段階に応じて，取引のリスクの確認・低減を行うことが重要と言われており，参考となります。

例えば，取引前の段階では，取引審査にあたって，取引相手に関する基本情報を収集したり，取引の相手の国・地域，業界，取引類型等に応じたリスクの大きさを検討したりして，データベース等と照らしながら基本的な情報を収集します。

そして，新規取引開始時に具体的な検討を行うにあたっては，契約の対価，支払条件，契約条項の内容を検討することで契約の合理性等を確認します。

その上で，契約締結後も定期的にモニタリングを行い，具体的な不正や不備が発生した場合には監査権を行使するなどの対応を実行できるよう，事前に契約条項を検討しておくことが考えられます。

こうしたアプローチを設計するにあたって，法務・コンプライアンス部門単独で贈収賄リスクのみを確認する契約審査を行うことは現実的ではなく，契約審査実務の中で贈収賄リスクも加味して考えていくことが，関連部門のオペレーションの効率性の観点からも実効性が高いと考えられます。

例えば，取引前における取引リスクアセスメントにおいて，取引相手の属する国・地域の腐敗認識指数を参照したり，公務員との関与の有無や贈収賄の懸念に関する報道の有無を確認したりすることによって，通常のサードパーティリスク管理に加えて，贈収賄の防止という観点でのリスク確認を実行することができるようになります。

4 重要コンプライアンステーマ　63

【図表1−4③】　取引の流れに沿った検討の観点

Phase	アプローチ例
① 取引前	1−1　情報の収集・確認 • 取引先について，会社の基本情報を収集・確認 1−2　取引リスクアセスメント • 取引の性質に応じて，テーマごとに国・地域別リスク・業界リスク・事業提携先リスク・取引類型リスク等の観点でアセスメント 1−3　取引先の審査 • 取引先に対し，各種制裁リスト・ウォッチリスト等を踏まえて審査 • 第三者審査ツール（データベース等）の活用により，審査プロセスを精緻化・効率化
② 新規取引時	2　契約によるリスク低減 • 新規取引に際して，取引の性質に応じて契約条項を検討 ＜検討事項例＞ • 対価関係にあるサービス・製品内容の具体的記述 • 支払条件・サービス提供実態と報酬の対応関係，報酬等支払のタイミング • 反社会的勢力排除に関する条項の有無 • 法令違反禁止条項・監査条項の有無　等
③ 取引継続中	3　継続的なモニタリング等 • 取引開始後も，取引先に対し，継続的なモニタリングや注意喚起等を実施 ＜取組み例＞ • 定期的な研修の実施 • 年次のコンプライアンス認証の要求 • アンケートや各種報告等を通じた定期的なリスクアセスメント • 不正・不備発生時における監査権の行使

64 第1編／第1章 法務・コンプライアンス部門に必要な機能を備えるための取組み

【図表1-4④】 贈収賄に関するリスク評価のポイント

基礎情報の確認	取引リスク審査	取引先の審査
■基礎情報収集 ・会社設立の関連文書 ・主要な株主・利害関係者・実質的支配者等の詳細情報 ・会社の組織体制 ・主要なビジネス・商流 ・政治的団体等との関係　等	■取引スキームの確認 （考慮要素の例） ➢国・地域別リスク ・腐敗認識指数の高リスク国・地域における事業・取引に該当するか ・贈収賄に関する規制が厳格な国・地域での取引に該当するか ➢業界リスク ・高リスク業界の事業に該当するか（インフラ，エネルギー，資源，ライフサイエンス等） ・業界・事業特性上，許認可等において公務員と関係を有するか ➢事業提携先リスク ・現地企業等への依存度 ・仲介業者との取引関係 ➢取引類型リスク ・公務員等の関与の有無 ・許認可取得，公共調達，補助金事業に関連しないか ・取引金額が高額であったり，報酬が先払いになっていたりしないか ・現地銀行・現地通貨による取引・現金による取引となっていないか	■チェックシート・質問票の活用 ・取引先のコンプライアンス体制 ・公務員との関係 ・取引先の業務実態 ・登記・資本金等に関する情報 ■メディア報道の活用 ・贈収賄の懸念に関する報道等の有無 ・過去の犯罪の有無，反社会的団体とのつながりなどのネガティブ報道の有無 ■各種リストの活用 ・国際的な制裁者リスト ・PEPs（Politically Exposed Persons）リスト等 ■データベースサービスの活用 ・データベースに基づき，第三者が規制対象に該当しないかを正確に確認

　　　　　　　　　　　　　　　　　　　　4　重要コンプライアンステーマ　65

　法務・コンプライアンス部門としては，契約審査・締結に関する部門等と協議しながら，既存のオペレーションへの影響を抑えつつ，かつ，法的なリスクを低減できるよう，法令の求める事項や，審査の基準，契約措置の選択肢などに関する法的な助言を行うことになります。

　具体的には，契約審査のフォーマットを用意する場合の審査項目の十分性について贈収賄リスクの観点を踏まえて助言を行ったり，特定の相手先との契約を見送ることが望ましいか否かについて過去の摘発事例を踏まえて法務相談に対応したり，相手先のリスクレベル（贈収賄防止に関する体制整備状況・契約金額の規模・ビジネスにおける公務員との関係性等）に応じた継続モニタリングの要否・頻度の基準設定に協力したり，モニタリング等において実際に不正や不備が発見された場合に，監査・調査や，契約の解除等の法的対応を協議したりすることなどが考えられます。

　こういった助言により，関係部門による取組みを促しつつ，同時に，第2線部門（管理部門）として，当該部門の取組みに不足がある場合には取組みの改善を促すなどの牽制をかけていくことも重要です。

　上記は一例として，第三者管理に関して契約審査・締結管理に関する事項を上げましたが，第三者との取引以外にも，M&A等により自社とビジネスパートナーとの間で新たな関係が生じる場合には，相手先企業について，贈収賄防止体制が整備されているか，過去に当局から贈収賄の疑いを指摘されていないか，ネガティブな報道がなされていないか等，自社のM&Aの責任部門に対して，デュー・ディリジェンスの視座を提供していくことなども想定されます。

　いずれの場合においても，法務・コンプライアンス部門としては，米国のFCPAリソースガイドをはじめとする各種法令やガイダンスを念頭に置きつつ，自らの部門が所掌する事項を主体的に整備するとともに，具体的な手続・業務を所管する関連部門等と密に連携をとることが重要であることは共通しています。このような取組みにより，贈収賄防止・第三者管理に関する体制を確固たるものとし，自社の企業活動全体としてのコンプライアンスを確保することが重要です。

〈関連ガイドライン等〉

名　称
・OECD 外国公務員贈賄防止条約
・国連グローバル・コンパクト
・OECD 多国籍企業行動指針
・責任ある企業行動のための OECD デュー・ディリジェンス・ガイダンス
・ISO37001（贈賄防止マネジメントシステム）
・米国：FCPA リソースガイド
・英国：UKBA ガイダンス
・日本：外国公務員贈賄防止指針

2 人　権

> **本テーマのポイント**
> - 人権尊重に向けた取組みを義務づけ，違反した場合に重い制裁を科す法規制が欧米を中心に拡大しています。法規制が他地域でも拡大していくことを視野に入れ，法務・コンプライアンス部門が関与していくことが重要です（→解説箇所：(1)）。
> - 人権デュー・ディリジェンスでは，人への負の影響の防止・軽減を最も重視します。サプライヤーとともに人権尊重に取り組む視点で対応していくことがポイントです（→解説箇所：(2)②）。
> - グリーバンスメカニズムでは，サプライチェーン上の労働者を含む広範囲のステークホルダーが，安心して利用できる仕組みを構築する必要があります。内部通報窓口等の構築・運用経験を持つ法務・コンプライアンス部門の積極的関与が期待されます（→解説箇所：(3)）。

(1)　リスク概況

　人権分野では，主に欧米諸国において，サプライチェーンの透明性向上とリスク低減策を求める法規制が急速に進展しています。ソフトローによる規律からはじまり，開示が義務化されるなど段階的に規律が強化され，現在では人権デュー・ディリジェンス自体を義務化する法令も制定されており，対処しない場合には，罰則などの重い制裁を受ける可能性があります。また，違反した場合の執行も活発化しています。

　具体的にみると，2011年には「OECD多国籍企業行動指針」に人権に関する項目が追加され，「ビジネスと人権に関する指導原則」が国連で採択されました。それらを踏まえて英国現代奴隷法（2015年）などが制定され，報告・開示の義務化により企業の自主的な人権尊重の取組みを促す制度が設けられました。そして2023年1月には，ドイツで「サプライチェーン・デュー・ディリジェンス法」が施行されました。人権と環境に関するリスク管理，リスク評価，問題の是正などが要求され，違反すると課徴金や公共調達の入札参加禁止など

68 第1編／第1章　法務・コンプライアンス部門に必要な機能を備えるための取組み

の罰則が適用される可能性があります。また，米国では，2016年に「貿易円滑化・貿易執行法」が制定され，これを契機に，強制労働産品の輸入禁止措置の執行が活発化しています。2001年〜2015年までは1件も執行がありませんでしたが，2016年以降，執行件数が急激に増加しています[5]。

　人権分野における法規制の強化は，今後ますます広がっていくと考えられ，日本企業も無関係ではいられません。

　開示の側面では，2023年1月に発効した「企業サステナビリティ報告指令」（以下「CSRD」と表記）があります。EU域内で上場するすべての企業（零細企業は除く）を適用対象としており，日本企業もEU域内に子会社等を有する場合には適用を受けることになります。

　CSRDは，EUのサステナビリティに関する開示規制であり，人権，環境，贈収賄防止等について基準に則った開示が求められるものです。人権に関する事項として，自社の従業員のほか，バリューチェーンにおける従業員，影響を受けるコミュニティ，消費者への重大な影響について開示することが求められます。自社従業員については，多様性に関する事項（トップマネジメントの男女比等），適切な賃金に関する事項等が開示要求事項となっています。これらは，EU各国における国内法制化を経て対象となる企業に義務づけられます。

　なお，CSRDではダブルマテリアリティの考え方を採用しており，①企業への影響と，②企業が人々や環境に与えるインパクトの両面から影響評価を行います。

【図表1−4⑤】　CSRD（企業サステナビリティ報告指令概要）

主な適用対象	すべての大企業と，零細企業を除くEU域内で上場するすべての企業（EUの定める企業規模の区分に則る） EU域外についても，EU域内の年間純売上高が一定の基準を満た

5　JETRO「人権侵害に対する施策が日系企業にも影響（米国）『サプライチェーンと人権』に関する主要国の政策と執行状況(9)」https://www.jetro.go.jp/biz/areareports/2021/7d71c95432ad0c76.html（閲覧日：2023年10月18日）

	し，EU 域内に条件を満たす子会社・支店を有する場合には適用対象となる。例えば，EU 域外であっても，EU 域内での売上高が 2 会計年度連続して 1 億 5,000 万ユーロを超える場合は，適用対象となりうる
主な義務内容	持続可能性の関連事項が企業に与える影響に加え，企業が持続可能性の関連事項に与える影響について，報告・開示を行う CSRD では ESG 共通の開示項目および ESG それぞれの開示項目が大枠で示されており，各開示項目の詳細内容については，CSRD に基づく ESRS（欧州サステナビリティ報告基準）が定める報告基準に従う 〈CSRD の定める主な開示項目の例〉 ESG 共通の開示項目：戦略，ビジネスモデル　等 環境：気候変動の緩和・適応，生物多様性　等 社会：ジェンダー平等，人権　等 ガバナンス：企業文化，リスク管理　等
罰則等	現行の非財務情報開示指令の規定が維持される。また，EU 加盟国の各国国内法において規定すべき，最低限必要な行政罰が示されている

　また，人権デュー・ディリジェンスの義務化に関しては，「コーポレート・サステナビリティ・デュー・ディリジェンス指令」（以下，「CS3D」と表記）が2024年5月に成立しました。こちらも，EU 域内に子会社等を有する場合には，日本企業も適用対象となりえます。この指令により，今後，すべての加盟国で，2年以内に国内法を制定し，人権デュー・ディリジェンスを義務化していくことになります。この指令は，特定の企業に対して，サプライチェーン上の人権・環境に関するデュー・ディリジェンスの実施や苦情処理メカニズムの整備を義務づけ，これらの義務に違反した場合，加盟国で法制化された法律に基づいて売上高に応じた罰金等を科すものです。なお CS3D は，企業規模に応じ3年〜5年の移行期間を設定しています。最も早い企業で，2027年から CS3D を遵守する必要が生じます。また，2022年9月には「強制労働により生産された製品の EU 域内での流通を禁止する規則案」が発表されました。これ

により，強制労働で生産された製品の EU 市場での流通や域外への輸出禁止が方向づけられました。この規則案は2024年 3 月に EU 理事会と欧州議会との間で政治合意が成立しており，両機関による正式な採択を経て，発効します。

【図表 1 － 4 ⑥】 CS3D（コーポレート・サステナビリティ・デュー・ディリジェンス指令概要）

主な適用対象	年間純売上高，年間平均従業員数が一定の基準を満たす EU 域内の企業※。また，EU 域内に一定の年間純売上高を有する EU 域外の企業※。例えば，域内については，従業員数が平均して1,000名を超え，かつ，直近事業年度における全世界の年間純売上高が 4 億5,000万ユーロを超える企業が適用対象となる EU 域外の企業であっても，EU 域内の売上高が 4 億5,000万ユーロを超える場合は，適用対象となる ※ その他，EU 域内で一定規模以上のフランチャイズ契約またはライセンス契約を締結している場合も対象となる
主な義務内容	1．企業方針へのデュー・ディリジェンスの組み込み 2．人権および環境に関する実在するまたは潜在的な負の影響の特定 対象範囲は，自社，自社の子会社，バリューチェーンにおいて自社と「確立したビジネス関係（established business relationship）」のある取引先の企業活動※ 人権・環境への負の影響とは，別紙にて定められる国際条約等で定める権利や禁止事項をいう。例として，人権については世界人権宣言，国際人権規約，環境については生物多様性条約，水銀に関する水俣条約などが挙げられている 3．潜在的な負の影響に対する防止・軽減，および実際に負の影響が発生した場合の是正 4．苦情解決制度の整備 5．デュー・ディリジェンスの方針・手法の有効性へのモニタリング（少なくとも12カ月に 1 度） 6．デュー・ディリジェンス内容の公表 ※ 原則として，バリューチェーンの上流，下流の一部を含む広範な企業活動が対象となる

罰則等	加盟国の国内法の定めにより，違反の疑義に対する調査，違反行為の停止や是正措置，売上高に応じた罰金，事案の公表が行われる。対象企業は，予防・是正に関する義務に違反し，違反により損害が発生した場合に，民事の損害賠償責任を負う

　日本では法制化はされていないものの，人権尊重への取組みがますます重要になってきています。2022年9月には経済産業省から，「責任あるサプライチェーン等における人権尊重のためのガイドライン」が，2023年4月には，その解説資料として「責任あるサプライチェーン等における人権尊重のための実務参照資料」が公表されました。また，公共調達においても，「責任あるサプライチェーン等における人権尊重のためのガイドライン」をもとに，企業に人権尊重の努力を求める政府の方針が採用されました。

(2)　対応の全体像

①　企業全体の対応

　企業は，自社だけでなく，サプライチェーン上における人権リスクを把握し，負の影響を防ぐための対策を講じる必要があり，そのためには取組みを体系的に展開することが不可欠です。取組みは，「方針・規程類の整備」「人権デュー・ディリジェンス」「救済」「体制構築・運用」で構成され，全体像は【図表1－4⑦】に示すとおりです。

【図表1-4⑦】 人権尊重に向けた取組みの全体像

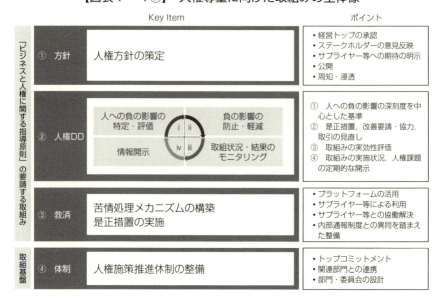

② 法務・コンプライアンス部門の対応

対応部門は調達部門やサステナビリティ部門が中心で，法務・コンプライアンス部門の役割は企業ごとに異なります。主管部門の取組みに対しサポートを提供しているケースが多いものの，法務・コンプライアンス部門がより積極的な役割を果たし，人権分野の取組みを主導している企業もあります。

人権の取組みに関して，法務・コンプライアンス部門の関与が想定される場面とアプローチの一例は【図表1-4⑧】のとおりです。

4 重要コンプライアンステーマ　73

【図表1－4⑧】　人権尊重の取組みへの法務・コンプライアンス部門の関与

取組み		法務・コンプライアンス部門の関与
方針・規程類の整備	方針・規程の策定	●リスク情報の分析・提供 （自社のリスクを反映した方針・規程作成のため） ●方針・規程の策定，審査・助言
	周知・浸透	●研修の実施
人権デュー・ディリジェンス	負の影響の特定・評価	●リスク情報の分析・提供 ●調査項目，評価基準に対する助言
	負の影響の防止・軽減	●第三者管理 　◇取引先のバックグラウンドチェック 　◇取引先への調査・監査項目への助言 　◇契約管理 　　・契約書の作成または審査・助言 　　・違反への対応
	モニタリング	●負の影響の防止・軽減策の実施状況のモニタリング ●実施された施策のパフォーマンス評価
	説明・情報開示	●ステークホルダーコミュニケーション 　◇各種報告書（サステナビリティ報告書，統合報告書等）に対する助言 　◇負の影響を受けたステークホルダーへの説明を支援
救済	グリーバンスメカニズム	●グリーバンスメカニズムの構築または構築支援
	救済措置の実施	●個別事案への救済措置（原状回復，金銭的補償への対応） ●再発防止策への助言
体制構築・運用	委員会	●委員会への参画，委員会における情報提供・意見表明・提言

74　第1編／第1章　法務・コンプライアンス部門に必要な機能を備えるための取組み

(3)　対応上のポイント
①　方針・規程類の整備
Ⅰ　企業全体での対応上のポイント

　方針・規程の整備は，ⅰ現状把握，ⅱ方針・規程類の作成，ⅲ公開・周知・浸透といった3つのステップで行います。

　ⅰ　**現状把握**
　社会からの期待と要求に合致した方針内容を策定するために，社内各部門への情報収集，ステークホルダーとの対話と協議を通じて，自社が関与する可能性のある人権侵害リスクを特定します。
　ⅱ　**方針・規程類の作成**
　国際的な基準，自社のビジョン，自社が関与する可能性のある人権侵害リスクに基づいて，人権方針を策定します。人権方針は経営トップの承認を受ける必要があります。また，人権方針に基づく規程を体系的に整備する必要があります。
　ⅲ　**公開・周知・浸透**
　方針・規程を公開し，従業員やサプライヤーなどの関係者に期待事項を明示します。取組みが方針・規程類の策定だけで終わることを防ぐために，周知と浸透を図るための活動（研修の実施，経営陣からの継続的なメッセージの発信など）を実施します。

Ⅱ　法務・コンプライアンス部門における対応上のポイント

　法務・コンプライアンス部門においては，方針・規定類への助言を行う場面で，ⅰグローバルスタンダードを踏まえた助言を行うこと，ⅱ法務・コンプライアンス部門が部門間連携に向けた橋渡しをすることがポイントになります。

　ⅰ　**グローバルスタンダードを踏まえた助言**
　人権方針・個別の規程類の策定，審査，助言に関しては，国際的な人権基準だけでなく，国際人権に関する内容，さまざまなフレームワーク，ガイダンスなども考慮する必要があります。例えば，「強制労働」の定義は1930年の国際労働機

関（ILO）の強制労働条約（第29号）2条1項で定義されており，強制労働の該当事例の指標をILOが公表しています。移動の制限，負債による束縛，身分証書の保持など，「強制労働」の語感からイメージしにくい行為も指標に含まれるため，国際人権の内容を理解した上で助言等を行う必要があります。

ⅱ 部門間連携に向けた橋渡し

　CSR調達ガイドラインやサプライヤーガイドライン，サプライヤーへの調査などが各部門で別々に実施され，体系的に整理されていないケースが散見されます。そのような場合，規程類の内容の一貫性や適切さが損なわれたり，取引先を混乱させたりする可能性があります。そのため，審査・相談を受け付けた法務・コンプライアンス部門で類似した取組みが行われていないかを確認し，関連部門を巻き込んで対応することが必要です。

　なお，人権デュー・ディリジェンスの場面でも同様に，上記ⅰとⅱのポイントに留意する必要があります。取引先への調査項目について審査・相談を受けたときは，調査の重複により取引先に過度な負担をかけていないか確認し，部門間連携を促します。

② 人権デュー・ディリジェンス

Ⅰ 企業全体での対応上のポイント

　人権デュー・ディリジェンスは，事業活動が人権への負の影響を与えないようにするためのもので，そのプロセスには，ⅰ負の影響・特定・評価，ⅱ負の影響防止・軽減，ⅲモニタリング，ⅳ説明・情報開示が含まれます。

　なお，紛争地域等深刻な人権侵害に加担してしまうリスクが高い状況においては，人権デュー・ディリジェンスを強化して実施する必要があります。詳細は【コラム③】で紹介します。

76　第1編／第1章　法務・コンプライアンス部門に必要な機能を備えるための取組み

【図表1－4⑨】　人権デュー・ディリジェンスの取組みのポイント

STEP1	STEP2	STEP3	STEP4
負の影響の特定・評価（優先順位付け）	負の影響の防止・軽減	取組みの実効性評価	説明・開示

STEP1

自社製品・サービスのサプライチェーンに関する情報を把握の上，以下のSTEPで評価：
I　高リスク事業領域の特定
　セクター／製品・サービス／地域／企業固有の事情を考慮
II　負の影響の発生過程の特定
　どのビジネスプロセスにおいて／誰に／どのように発生するかを特定
　※苦情処理メカニズム等を活用したリスク把握
III　負の影響と企業の関係の評価
IV　優先順位の決定
　負の影響の深刻度による判断
　＜深刻度の評価視点＞
　ⅰ．規模
　ⅱ．範囲
　ⅲ．救済の困難度
　※深刻度が同等の場合発生可能性を考慮

STEP2

トップコミットメントの下，責任部署の明確化をした上で以下の対応：
I　是正措置
・問題行為の確実な停止
・ただちに停止できない場合，工程表を作成して段階的に活動停止
II　改善要請
　改善要請のポイント：
　ⅰ．調達指針の策定
　ⅱ．遵守の誓約／契約条項への反映
　ⅲ．遵守状況の調査・監査
III　改善に向けた支援
　サプライヤーとコミュニケーションし改善に向けた協議・協力
IV　取引の見直し
　ⅰ．停止する場合の対応
・手順の明確化
・停止理由の情報提供
・十分な予告期間の設定
　ⅱ．継続する場合の対応
・継続的なモニタリング
・取引の妥当性に係る定期的な見直し
・人権方針との整合，改善に向けた試み等を説明

STEP3

I　情報収集
・広範囲からの情報取得ヒアリング／質問票の活用／監査・第三者調査／苦情処理メカニズム等
・定性的・定量的評価指標の活用
II　社内プロセスへの組み込み
・既存のプロセスに実効性評価を組み込むことで定着化
III　評価結果の活用
・対応策の効果を分析・評価しさらなる取組みを実施

STEP4

I　開示内容
・人権DDの基本情報
　継続的な改善を図るプロセス等を説明
　✓人権方針の浸透施策
　✓特定した重大リスク
　✓優先した負の影響・リスク
　✓優先順位付けの基準
　✓リスク防止・軽減に向けた取組み
　✓取組みの実効性評価
・負の影響への対処方法
　✓対応の適切性を評価するための情報（個人・機密情報への配慮）
II　開示方法
・企業ホームページ，サステナビリティ報告書，統合報告書，人権報告書等
・年1回以上が望ましい

（出所）　経済産業省「責任あるサプライチェーン等における人権尊重のためのガイドライン」をもとに作成

ⅰ　負の影響・特定・評価

　人への負の影響を特定し，そのリスクと自社の関わりを評価します。その上で対応の優先順位を人への影響の深刻度を基準に決定します。深刻度の評価は，人権への負の影響の規模・範囲・救済の困難度という3つの要素を踏まえて判断します。

ⅱ　負の影響防止・軽減

　特定された負の影響を防止・軽減するための対策を実施します。原因が自社内

にのみ存在する場合もあれば，取引先やサプライヤーなどにも存在する場合があります。関与の度合いに応じて，適切な対策が必要です。

iii モニタリング

防止と軽減の対策の実施状況と結果をモニタリングし，対策が適切であるか否か，追加のアクションが必要かを検討します。

iv 説明・情報開示

ステークホルダーに対して改善プロセスを説明するために，情報開示を行います。主要な開示情報は，人権デュー・ディリジェンスに関する基本的な情報です。

透明性の高い企業として信頼されるために，リスク情報も含め開示することが重要です。改善に向けた PDCA サイクルを示すことがステークホルダーからの信頼につながります。

Ⅱ 法務・コンプライアンス部門における対応上のポイント

法務・コンプライアンス部門は，負の影響の防止・軽減に関して，第三者管理等契約関連業務で従来とは異なる発想を持って対応する必要があります。

契約書の作成・審査や契約違反に対する取引先対応などの場面では，自社の責任回避・取引先の責任追及に主眼を置くのではなく，取引先とともに人権尊重に取り組むとの発想で対応することが重要になります。

例えば，契約書作成・審査の際には，取引先の人権尊重の取組みを促す契約条項を盛り込みます。具体的には，調達指針等の遵守義務，改善措置の実施義務，これらの義務違反を解除原因とする条項などです。法務・コンプライアンス部門が直接取引先との信頼関係を構築した上で，間接取引先に関する連鎖的な情報開示を要求するフローダウン条項を盛り込む等の対応も考えられます。

ビジネスと人権に関する指導原則やこれを具体化する各国・地域で法令の整備が進みつつある状況に鑑みると，取引先による表明保証条項（人権リスクが存在しない旨の表明保証条項）を規定し，違反した場合に取引先に対して契約解除・損害賠償を求めるといった従来型の対応では不十分です。

また，取引先の契約違反対応にあたっては，契約上可能でも，ただちに契約

78　第1編／第1章　法務・コンプライアンス部門に必要な機能を備えるための取組み

を解除することが望ましくない場合も考えられます。取引関係を単に解消するだけでは，一層人権侵害が深刻化する可能性があるため[6]，まずはサプライヤー等との関係を維持しながら負の影響を防止・軽減するよう努めることが要請されます。解除にあたっては，十分な改善要請を重ねたか検討する必要があります。

③　救　済

Ⅰ　企業全体での対応上のポイント

企業が提供する救済の取組みとしては，ⅰグリーバンスメカニズムの構築，ⅱ救済措置の実施（または救済のための協力）があります。

ⅰ　グリーバンスメカニズムの構築

企業の活動により人権侵害が発生した場合，被害者が救済を求めるための仕組みを設けます。グリーバンスメカニズムは，サプライチェーン上の人権侵害の拡大を防ぎ，早期解決に寄与するだけでなく，人権デュー・ディリジェンスの負の影響の特定・評価にも役立ちます。

グリーバンスメカニズムでは，取引先や地域住民を含む幅広いステークホルダーの相談を受け付けます。利用者にとって安心して利用でき，アクセスしやすい窓口であることが求められます。多言語対応が必要となるケースもあるため，苦情処理の共同プラットフォームに参画したり，相談受付窓口として外部ベンダーを活用したりするケースが多くみられます。

ⅱ　救済措置の実施（または救済のための協力）

人権侵害が発生した場合，企業は関与の程度に応じて，救済措置の実施または協力を行う必要があります。救済措置の具体的な例には，謝罪，原状回復，金銭的または非金銭的な補償，再発防止のプロセスの構築と公表，サプライヤーに再発防止を要求することなどが挙げられます。

6　例えば，賃金不払いを行った取引先との契約関係を解消した場合，取引先の経営状態が悪化し，労働者の権利侵害が一層深刻になることが想定される。

Ⅱ　法務・コンプライアンス部門における対応上のポイント

　法務・コンプライアンス部門としては，ⅰグリーバンスメカニズムの構築ま
たは構築支援，ⅱ個別事案への救済措置の場面で，法務・コンプライアンス部
門に蓄積された知見を活かし，関与することが期待されます。

ⅰ　グリーバンスメカニズムの構築または構築支援

　グリーバンスメカニズムを構築するにあたっては，内部通報制度を出発点にグ
リーバンスメカニズムの段階的導入を図るといったアプローチをとることが考え
られます。その場合は，内部通報制度を運営する法務・コンプライアンス部門が
主管部門になりえます。

　他部署が主管してグリーバンスメカニズムを構築する場合であっても，内部通
報制度の構築・運用経験のある法務・コンプライアンス部門の提言は重要になりま
す。グローバル内部通報の受付窓口を提供している外部ベンダーがグリーバンス
メカニズムの窓口を提供しているケースも多く，重複を避け，適切な窓口を選択
するために，法務・コンプライアンス部門の提言が役立ちます。また，専門家と
して独立した外部の弁護士をグリーバンスメカニズムに関与させる場合等，適任
者を選任するには，法務・コンプライアンス部門による紹介・助言が役立ちます。

ⅱ　個別事案への救済措置

　負の影響の特定・評価の過程で発見された事案，グリーバンスメカニズムに寄
せられた事案等の個別の救済措置を実施するにあたっては，法務・コンプライア
ンス部門が中心となって対応することが考えられます。対応策は，ステークホル
ダーと十分にコミュニケーションをとった上で策定します。救済手段の中で優先
度が高いのは，基本的には人権侵害がなかった状況に戻すための原状回復措置で
あり，金銭的補償は一次的な手段ではないことに留意が必要です。

---

④　体制構築・運用

　部門間連携を円滑にするために，適切な人権施策推進体制を整備することが
必要です。体制整備にあたっては，経営トップのコミットメント，部門間の連
携，部門や委員会の設置などの３つのポイントを考慮します。特に，経営トッ
プのコミットメントは非常に重要です。

80　第1編／第1章　法務・コンプライアンス部門に必要な機能を備えるための取組み

【図表1－4⑩】　関連法令・ガイドライン例

名称（策定年）	発行機関／国
ビジネスと人権に関する指導原則（2011年）	国際連合
OECD多国籍企業行動指針（1976年）	OECD
責任ある企業行動のためのOECDデュー・ディリジェンス・ガイダンス（2018年）	OECD
紛争鉱物資源に関する規則（2017年）	EU
EU企業が事業活動とサプライチェーンの管理において強制労働に関与するリスクに対処するためのデュー・ディリジェンス・ガイダンス文書（2021年）	EU
企業サステナビリティ報告指令（CSRD）（2023年）	EU
コーポレート・サステナビリティ・デュー・ディリジェンス指令（CS3D）（2024年）	EU
強制労働により生産された製品のEU域内での流通を禁止する規則案（2022年）	EU
2015年現代奴隷法（2015年）	英国
豪州2018年現代奴隷法（2018年）	オーストラリア
親会社および発注会社の注意義務に関する2017年3月27日付け法律2017-399号（2017年）	フランス
児童労働デュー・ディリジェンス法（2019年）	オランダ
サプライチェーン・デュー・ディリジェンス法（2021年）	ドイツ
事業の透明性と基本的人権およびディーセントワークへの取組みに関する法律（2021年）	ノルウェー
紛争鉱物と児童労働に関するデュー・ディリジェンスと透明性に係る条例（2021年）	スイス
1930年改正関税法第307条（1930年）	米国
ドッド・フランク法（2010年）	米国
カリフォルニア州サプライチェーン透明法（2010年）	米国（カリフォルニア州）

貿易円滑化・貿易執行法（2015年）	米国
グローバル・マグニツキー人権問責法（2016年）	米国
ウイグル強制労働防止法（2021年）	米国
ウイグル強制労働防止法（UFLPA）の「輸入者向けの運用ガイダンス」（2022年）	米国
サプライチェーンにおける強制労働，児童労働との闘いに関する法律を制定し，関税率を改正する法案（2023年）	カナダ
責任あるサプライチェーン等における人権尊重のためのガイドライン（2022年）	日本
責任あるサプライチェーン等における人権尊重のための実務参照資料（2023年）	日本

82　第1編／第1章　法務・コンプライアンス部門に必要な機能を備えるための取組み

【コラム③】　紛争等の影響を受ける地域における人権デュー・ディリジェンスの強化

　武力紛争やその他の暴力が蔓延している状況では，企業が深刻な人権侵害に加担してしまうリスクが特に高くなります。例えば，武装勢力等はその地域における活動に幅広く関与していることが多く，通常の企業活動を行っただけで，意図せず資金提供をしてしまう事態が生じえます。紛争地域の状況をより深く理解するため，人権デュー・ディリジェンスを強化すべき場合があります。

Ⅰ　人権デュー・ディリジェンスを強化すべき場面
ⅰ　対象地域
　紛争等の影響を受ける地域で事業活動を行う場合には，強化した人権デュー・ディリジェンスを実施する必要があります。紛争等には国家間戦争や内戦だけでなく，武装過激組織等の組織的暴力も含まれます。

ⅱ　実施のタイミング
　新規事業活動や新規取引関係の開始前，重大な決定や変更の実施前，または事業環境の変化（社会的緊張の高まりなど）のタイミングで実施します。
　事業環境の変化に対応するためには，あらかじめ複数のシナリオを想定し，方針と手順を設定しておくことが重要です。武力紛争や大規模な暴力行為は突発的に発生するものではなく，事前の「警告サイン」があります。これを早期に認識できるよう備えておく必要があります。

Ⅱ　対応上のポイント
　基本的なプロセスや継続的に実施すべき点は通常の人権デュー・ディリジェンスと同じです。一方，強化された人権デュー・ディリジェンスでは，人々（人権）だけでなく，企業活動が紛争状況に与える影響も特定します。強化された人権デュー・ディリジェンスで特に留意すべきポイントは以下のとおりです。

ⅰ　負の影響の特定・評価
　自社が事業を行う国・地域の情勢を理解し，事業活動が紛争に与える影響を理解し，紛争に対する企業責任を特定します。
　地域情勢を理解するためには，紛争の背景となっている状況，紛争に影響を与えている当事者，紛争の原因，紛争の最近の傾向を理解することとし，そのために，メディアによる報道やソーシャルメディア（SNS）の動向などを注視します。
　事業活動が紛争に与える影響を理解するにあたっては，当事者マッピングを実施します。その上で，人権および紛争に与える自社の責任を特定します。

ⅱ　負の影響の防止・軽減

　紛争等の影響を受ける地域では，撤退を余儀なくされるケースも想定されます。しかし，撤退を急ぐとより深刻な人権侵害を生じさせるおそれがあります。例えば，早期撤退によって，雇用されていた従業員等が生活の糧を得るために武装グループの一員にならざるをえない状況に追い込まれることがあります。

　そのため，企業は「責任ある撤退」をすることが重要です。撤退・事業中断が紛争等の影響を受ける国や地域の緊張を高める可能性がないか，撤退による負の影響により，利点が上回っているどうかについて検討する必要があります。そして撤退計画を策定した上で，撤退を実行に移します。

（出所）　UNDP「紛争等の影響を受ける地域でのビジネスにおける人権デュー・ディリジェンスの強化手引書」をもとに記載

84　第1編／第1章　法務・コンプライアンス部門に必要な機能を備えるための取組み

3　環　境

本テーマのポイント

• 国内外において，企業に対し環境に関する情報開示を求める規制やルールの整備が進展しています。さらにEUを中心に，情報開示にとどまらず企業に対し環境に関するデュー・ディリジェンスの実施自体を義務づける傾向もみられます（→解説箇所：(1)①②）。

• 法務・コンプライアンス部門は，規制動向やグリーンウォッシュ防止の観点を踏まえ，環境に関する情報開示・情報発信において，その知見を活かした関与を行うことが期待されます（開示・発信内容のレビューやシナリオ分析の実施支援等）（→解説箇所：(2)②）。

• 環境デュー・ディリジェンスの実施においても，バリューチェーン上のコンプライアンス状況の確認やリスク対応プロセスのサポート等の支援をすることが期待されます（→解説箇所：(2)③）。

(1)　リスク概況

①　情報開示・情報発信に関する規制・ルール対応

　企業に関わる環境関連規制には廃棄物処理や化学物質管理，プラスチック利用等，業種・業態によりさまざまな規制が想定されますが，本項においては，環境に関する情報開示をめぐる法規制やルール，フレームワーク整備の昨今の急速な進展を踏まえ，情報開示や情報発信に関する規制・ルールに焦点を当てて解説します。

　日本においては，2021年6月に改訂されたコーポレートガバナンス・コードにおいて，上場企業に対し気候関連財務情報開示タスクフォース（TCFD）の提唱する気候関連のリスク・機会に関する情報開示フレームワーク（詳細は【図表1−4⑪】参照）またはそれと同等の枠組みに基づく開示が求められます。その後2023年1月には企業内容等の開示に関する内閣府令等の改正が公布・施行され，2023年3月31日以後に終了する事業年度に係る有価証券報告書等より，企業にサステナビリティ情報の開示が求められています（サステナビ

リティ情報には，環境のほか，社会や従業員，人権の尊重，腐敗防止等に関する事項が含まれます）。なお，TCFD は2023年10月に解散し，役割を引き継いだ国際サステナビリティ基準審議会（ISSB）が気候変動を含む非財務情報開示基準を策定しました。これを受け，日本においてはサステナビリティ基準委員会（SSBJ）が国内のサステナビリティ開示基準の導入に向けた検討を進めており，2024年3月にその草案であるサステナビリティ開示テーマ別基準公開草案第2号「気候関連開示基準（案）」が公表されました。今後は草案に対するコメント募集を経て2025年3月末に確定基準の公表が予定されています。SSBJ の草案と TCFD はいずれも「ガバナンス」「戦略」「リスク管理」「指標と目標」の開示を求めており共通性があることから TCFD に基づく取組みを活用することが可能ですが，開示の範囲や手法においては異なる点もあるため，差異に留意しつつ内容を正確に理解する必要があります。今後の確定基準の公表に向け，動向の注視が必要です。

【図表１－４⑪】 TCFD（気候関連財務情報開示タスクフォース）

開示推奨項目	• TCFD は，企業の経営・運営の中核的要素として，4つの柱（以下）と11の開示推奨項目に沿った開示を提唱 ①ガバナンス：気候関連のリスクと機会に係る組織のガバナンス ②戦略：組織のビジネス・戦略・財務計画に対する気候関連のリスクと機会の実際のおよび潜在的影響 ③リスク管理：組織が気候関連のリスクを識別・評価・管理するために用いるプロセス ④指標と目標：気候関連のリスクと機会を評価・管理する際に使用する指標と目標
シナリオ分析	• 開示推奨項目の1つ「戦略」については，複数の将来的な気候シナリオを考慮し組織の戦略のレジリエンスを説明することが求められており，複数のシナリオをもとに，想定される気候関連事象が企業に与える影響の分析・対応の検討を行うことが推奨されている • 国際的に認知されているシナリオ例： • 移行リスク：IEA WEO SDS 等

- 物理的リスク：IPCC RCP8.5シナリオ 等

（出所）　TCFD による提言，環境省公表資料等をもとに KPMG 作成

　EU においては，企業は CSRD（適用対象企業に対し環境・社会・ガバナンスに関する非財務情報の報告を義務づける指令。詳細は**第 1 章 4 ②人権**参照）の下，気候変動の緩和，気候変動への適応のほか，サーキュラーエコノミー（循環経済），生物多様性といったテーマに関する環境開示のほか，環境デュー・ディリジェンスのプロセスの開示が求められています。CSRD は EU の規制であるものの，EU 域内で事業を行う日本企業についても適用対象となる可能性があり，違反時には罰則が科されるおそれもあるため，CSRD の要請事項には注意が必要です。

　米国においても，EU におけるルール整備を受け2024年 3 月，米国証券取引委員会により上場企業に対する気候関連情報開示規則が採択され，上場会社は気候関連リスクに関する情報開示が求められることとなりました。また，カリフォルニア州においては2023年10月，一定の売上高基準を満たす企業に対してスコープ 3 を含めた温室効果ガス排出量の開示を義務づける「気候企業データ説明責任法」，および2026年 1 月 1 日以降に隔年で気候変動関連の財務リスクに関する報告書を作成するよう義務づける「温室効果ガス：気候関連財務リスク」の両法案が成立しました。

　そのほか，2023年 9 月には自然関連のリスク・機会の管理と開示のための情報開示フレームワーク，自然関連財務情報開示タスクフォース（TNFD）（詳細は**【図表 1 － 4 ⑫】**参照）の最終提言が公表されました。すでに一部の日本企業においても TNFD に則った開示を自主的に進めているケースが見られますが，気候関連財務情報開示タスクフォース（TCFD）に沿った開示要請が進展した潮流を踏まえると，今後 TNFD についても同様の傾向が見られる可能性も想定され，必要に応じて対応準備を進める必要があります。

4 重要コンプライアンステーマ　87

【図表1－4⑫】　TNFD（自然関連財務情報開示タスクフォース）

一般的要件	• セクターを問わず開示全体で考慮すべき一般的要件として，以下6つが定められている ①マテリアリティの適用 ②開示の範囲 ③自然関連課題の所在 ④他のサステナビリティ関連開示との統合 ⑤検討する時間軸 ⑥組織の自然関連課題の特定と評価における，先住民，地域コミュニティ，影響を受けるステークホルダーの参画
開示推奨項目	• TNFDは，4つの柱（以下）と14の開示推奨項目に沿った開示を提唱 ①ガバナンス：自然関連の依存・影響・リスク・機会に係る組織のガバナンス ②戦略：自然関連の依存・影響・リスク・機会における組織のビジネスモデル・戦略・財務計画への影響（重要な場合） ③リスクと影響の管理：自然関連の依存・影響・リスク・機会に関する，組織による識別・評価・優先順位づけ，モニタリングのプロセス ④指標と目標：自然関連の重要な依存・影響・リスク・機会を評価・管理する際に使用する指標と目標
LEAP アプローチ	• TNFDでは，開示に向けたプロセスとして，「LEAP」アプローチによる評価を行うことが提唱されている。同アプローチは，考慮すべき事業活動および自然の側面から評価スコープを決定の上，Locate, Evaluate, Assess, Prepareの4つの観点から評価を行うもの • Locate：自然との接点を発見する • Evaluate：依存と影響を診断する • Assess：リスクと機会を評価する • Prepare：対応し報告する準備を行う

（出所）　TNFDによる提言，環境省公表資料等をもとにKPMG作成

② 環境デュー・ディリジェンス規則対応

　EU全体では2024年5月にCS3Dが成立しました（詳細は**第1章4②人権**を参照）。CS3Dは，企業に対し，バリューチェーンを通じて環境・人権に及ぼしうる負の影響を特定するためのデュー・ディリジェンスを実施し，これに対処すること等を求めており，環境については，生物多様性条約や水銀に関する水俣条約をはじめとする国際環境条約等で規定する事項や禁止がデュー・ディリジェンスの対象となる具体的な環境課題として別紙に定められています。企業は，デュー・ディリジェンスの内容，特定した実際のおよび潜在的な負の影響，かかる影響について講じた措置等を，年次ステートメントとしてウェブサイトに開示する必要があります。CS3Dでは，デュー・ディリジェンスの実施に加え，企業はパリ協定の1.5度目標と整合した気候変動緩和に係る移行計画を策定することが求められます。移行計画にはCS3Dの規定する内容（科学的証拠に基づいた2030年および2050年までの気候変動に関連する期限つきの目標，目標達成に向けた脱炭素施策や主要アクション，移行計画実施のための投資と資金計画，移行計画に係る経営層の役割）を含め，12カ月ごとに更新し，目標達成に向けた進捗を報告することが必要です。なお，CS3DはEU市場にて一定の事業規模を有する日本企業も適用対象となり，違反時には金銭的制裁を含む制裁が科されるおそれがあります。CS3Dの要求する取組みが一朝一夕に実現しうるものではないことを踏まえると，EU域外の企業であっても，対象企業となる可能性のある企業は対応に向けた取組みを開始・強化することが望ましいと考えられます。

　また，ドイツにおいては，2023年1月にサプライチェーン・デュー・ディリジェンス法が施行され，環境については水質汚濁や大気汚染，廃棄物の取扱い等について，企業がリスクの特定から予防軽減策の策定・実行を行うことが求められることとなりました。違反の内容によっては，課徴金や公共調達への入札参加の禁止等の罰則が科されるおそれがあります。サプライチェーン・デュー・ディリジェンス法をはじめ各国法については罰則を伴う法整備が進んでおり，フランスにおいては，環境デュー・ディリジェンスが不十分であった

ことを理由に企業が提訴される事例も発生しています。その他，EUにおいては2023年6月より，企業に対し規制対象品目が森林破壊を伴うものではないことを確認する森林デュー・ディリジェンスを義務化する規則が発効しています。

　上記のようなグローバルでの環境関連規制整備・強化のトレンドを踏まえると，今後デュー・ディリジェンスの実施はコンプライアンスの一環として各国・地域の市場参入要件となる傾向が高まることが想定され，早期の対応が必要です。

⑵　対応上のポイント

①　取組みの全体像

　環境に関わる取組みの基本的視点は【図表1-4⑬】のように整理できます。まずは取組みの基盤となる「環境施策推進体制の整備」を行った上で，「ガバナンス整備」として経営トップを関与させ，「戦略策定」として環境視点を企業の戦略に落とし込み，「リスク管理」として環境デュー・ディリジェンスにより自社の環境に関するリスクを把握し，リスク対応を着実に推進させるための「指標・目標設定」を行います。また，環境に関する取組みは自社のみで完結するものではなくバリューチェーン全体での取組みが必要なことから，「ステークホルダーエンゲージメント」として，環境に関する情報開示や取引先を巻き込んだ施策展開も重要な視点となります。

　なお，多くの企業では環境に関する取組みが複数の部門間で分業されていると考えられることを踏まえ，以下では，【図表1-4⑬】の中でも特に法務・コンプライアンス部門による関与の重要性が高まると考えられる「情報開示・情報発信および環境デュー・ディリジェンス」の2つの要素に焦点を当てて解説します。

90 第1編／第1章 法務・コンプライアンス部門に必要な機能を備えるための取組み

【図表1−4⑬】 企業における環境取組みの基本的視点

気候関連の情報開示につながる取組み				
ガバナンス整備	**戦略策定**	**リスク管理** （環境デュー・ディリジェンス）	**指標・目標設定**	**ステークホルダー** **エンゲージメント**
ポイント ・トップコミットメント ・環境方針策定 ・委員会設計 ・経営陣との連携	ポイント ・シナリオ分析 ・経営・事業戦略への反映（商品企画，再生エネルギー調達 等）	ポイント ・既存のリスク管理体制との融合 ・環境デュー・ディリジェンス実施	ポイント ・環境目標の検討（GHG削減目標等） ・環境データ収集 ・第三者保証	ポイント ・情報開示，情報発信 ・評価機関対応 ・取引先との連携 ・NGO・NPO，アカデミア等との連携 ・地域社会とのコミュニケーション

取組み基盤となる体制整備	
環境施策推進体制の整備	ポイント ・対応部門の設計 ・関連部門との連携

② 　情報開示・情報発信に関する規制・ルール対応

　法務・コンプライアンス部門においては，自社の開示内容が環境関連の情報開示フレームワークや各国・地域の開示関連規制の求める要件・観点に対応した開示となっているか，任意開示項目についてはどの程度の開示を行うべきか等の観点から開示内容をレビューすることが考えられます。

　特に情報開示フレームワークに沿った開示に向けシナリオ分析を実施する場合は，炭素税の導入や各国・地域の省エネ性能規制の強化，再生可能エネルギーや電気自動車に対する規制・税制変更，助成金制度の動向等，移行リスクの分析において，法務・コンプライアンス部門が財務・経理部門と連携しつつ，その専門性を活かして最新の規制動向に関する知見・情報把握を踏まえた助言を行うことも重要です（なお，先述のSSBJによる草案においても，シナリオ分析の実施が求められています）。

　また，昨今ではグリーンウォッシュの観点でも注意が必要です。グリーンウォッシュとは，企業が持続可能性に関して，虚偽，欺瞞または誤認を招くような主張や表現を行うことを言い，防止に向け，自社の発する情報開示に環境

への影響に関する曖昧な表現，虚偽記載や誤解を招く表現がないかという視点で十分な確認を行うことが求められます。具体的な開示コンテンツの作成は他部門が主担当となる企業が多いことが想定されますが，法務・コンプライアンス部門からも関連情報（事業展開国をはじめとする各国・地域におけるグリーンウォッシュ規制の動向，NGO や消費者からグリーンウォッシュ批判を受けた，あるいは訴訟を提起された他企業の事例，関連ガイドラインの内容等）の社内共有を積極的に行う，また，仮に外部からグリーンウォッシュとの指摘や訴訟の提起があった場合に根拠・証拠を提出できるよう社内確認を行う等，自社を守るための事前対応をリードすることが考えられます（グリーンウォッシュの詳細については，【コラム④】を参照）。

③ 環境デュー・ディリジェンス規制対応

環境デュー・ディリジェンスの実施にあたっては，バリューチェーン全体の環境への負の影響を確認することが求められます（環境デュー・ディリジェンスの具体的な実施手順については本稿では割愛します）。法務・コンプライアンス部門としては，環境法対応等，主管部門への法的助言といった従来型の役割にとどまらず，バリューチェーンの各段階（原材料生産時の環境への負荷が高い国からの調達，環境規制の厳しい国での製造，製品の廃棄等）において環境に関する法規制違反が生じていないかを把握・情報共有し，コンプライアンスの観点から環境デュー・ディリジェンスの実施を支援することが考えられます。さらに，環境デュー・ディリジェンスを実施した結果として事業プロセスの変更の必要性が生じた場合においても，調達部門，経営企画部門，その他事業部門および経営層の主張を踏まえ合理的な代替案を提案する等，法務・コンプライアンス部門としてリスク対応プロセスのサポートを行うことが重要です。

また，環境デュー・ディリジェンスは自社が実施主体となる場合にとどまりません。取引先がデュー・ディリジェンスを実施する過程で自社がデュー・ディリジェンスの対象となり，取引先から書面調査への対応依頼を受けることも考えられます。書面調査を通じて環境に関する許認可の取得状況や環境法令

の遵守状況を確認されるケースが増加していることを踏まえると，調査票への回答主担当は他の部門であった場合においても，自社およびグループ企業が操業する国・地域の環境規制や，認証の取得状況，エネルギー調達に係る契約の状況（PPA等）等，法務・コンプライアンス部門として自社の状況について必要に応じて適切な回答ができるよう情報を常時収集・更新し，社内の他部門との連携を図ることが望ましいと考えられます。

〈関連法令・ガイドライン〉

名　　称
・企業サステナビリティ報告指令（CSRD）（2023年1月発効）
・コーポレート・サステナビリティ・デュー・ディリジェンス指令（CS3D）（2024年5月成立）
・気候関連財務情報開示タスクフォース（TCFD）（2017年6月最終報告書公表）
・サステナビリティ開示テーマ別基準公開草案2号「気候関連開示基準（案）」（2024年3月草案公表）
・自然関連財務情報開示タスクフォース（TNFD）（2023年9月最終提言公表）

[4] 重要コンプライアンステーマ　93

【コラム④】　グリーンウォッシュ

　社会や環境課題に配慮した企業の取組みが進展する中，昨今，グリーンウォッシュに対する法規制強化やステークホルダーの関心の高まりが見られます。明確な定義は定まっていないものの，一般にグリーンウォッシュとは企業が主に気候や環境に関する持続可能性について虚偽，欺瞞または誤認を招くような主張や表現を行うことを言い，簡潔に「見せかけの環境配慮」とも称されます。具体例としては，明確な根拠がないにもかかわらず「環境負荷が低い」「サステナブル」という宣伝を行うことや，製品製造過程で大量の廃棄物を排出しているにもかかわらず環境配慮を謳うことなどが挙げられます。また，商品の宣伝・広告以外でも，掲げる環境目標と矛盾する企業行動や著しく低い環境目標の設定等もグリーンウォッシュの批判対象となりえます。

　グリーンウォッシュに関する規制・ルール整備は，欧米を中心に進展しています。EU においては，グリーンウォッシュを規制する指令（不公正な慣行に対するより良い保護と情報提供を通じてグリーン移行するための消費者の権限強化に関する指令）が2024年3月に発効しました。同指令は実証できない環境訴求等を禁止しており，今後 EU 加盟国での国内法化を経て適用開始されます。また，同指令に基づくグリーンウォッシュの規制を補完するグリーン・クレーム指令案は，環境主張に関するアセスメントの実施や立証に関する要件を定めています（同指令案は2024年3月に欧州議会により採択されており，今後審議が予定されています）。英国においてはグリーンウォッシュ防止に向けた商品・広告のガイドラインとして競争・市場庁から「グリーン・クレーム・コード」が発表されているほか，フランスにおいても罰金を伴う規制が整備される等，政府主導で企業による適切な情報発信を求める動きがみられていることが特徴的です。その他では，米国においても2022年12月，連邦取引委員会（FTC）が環境訴求の使用に関する「グリーンガイド」の改訂を公表しました。グリーンガイドは1992年の制定後三度の改訂が行われていますが，現在検討が進んでいる改訂では「ネットゼロ」「カーボンニュートラル」といった訴求に関する規制内容が含まれており，従来と比較し厳格な内容となることが予想されています（同ガイドラインは法的拘束力を有するものではありません）。米国証券取引委員会（SEC）では，企業による不適切な気候リスク情報開示等をグリーンウォッシュの観点から確認するため，執行部門内に気候・ESG タスクフォースが設置されています。

　グリーンウォッシュに関する訴訟はパリ協定成立以降急増しており，グリーンウォッシュにより企業が当局の捜査対象となる事例も発生しています。企業によるグリーンウォッシュは消費者からの信頼低下やレピュテーション毀損にとどまらず，売上損失や損害賠償請求の発生，集団訴訟の発生等の代償を招くおそれもあり，法規制強化が進む中でコンプライアンスの観点から注視すべき重要テーマ

94　第1編／第1章　法務・コンプライアンス部門に必要な機能を備えるための取組み

となっています。

【図表1－4⑭】　関連法令・ガイドライン

国・地域	名称（策定時期）
EU	• 不公正な慣行に対するより良い保護と情報提供を通じてグリーン移行するための消費者の権限強化に関する指令（2024年3月） • グリーン・クレーム指令案（2024年3月欧州議会にて指令案採択）
英国	グリーン・クレーム・コード（2021年9月）
米国	グリーンガイド（1992年）
フランス	気候変動への対処およびその影響に対するレジリエンス強化に関する法律（2023年1月）

4　重要コンプライアンステーマ　95

4　経済安全保障

> **本テーマのポイント**
> • 経済安全保障政策は多方面にわたり，そのリスク対応は，貿易，サプライチェーン，情報セキュリティなど多岐にわたる知見が必要であり，社内の各部門との連携が特に重要になります（→解説箇所：(1)）。
> • 企業において，連携強化に向けて，リスク管理体制の見直し，特にインテリジェンス機能構築に関する動きが見られます（既存部門・委員会の役割の見直し，統括部門の新設など）（→解説箇所：(2)）。
> • バリューチェーン／サプライチェーン上のリスク評価に基づき，自社の脆弱性を踏まえた，リスク管理・サプライチェーン施策を策定することが重要です。その中で，法務・コンプライアンス部門は，関連する規制・政策を中心としたリスクの知見に基づき，助言・サポートすることが期待されます（→解説箇所：(2)）。

(1)　経済安全保障政策の概況

　近時の国際情勢の不安定化，サプライチェーンの特定国依存への懸念，先端技術の軍事利用などを背景に，各国政府において経済安全保障政策および関連法制の策定が進展しています。こうした各国政府の動向などを受けて，グローバルなサプライチェーンを有する多くの企業にとって，経済安全保障リスクへの対応は不可欠な経営リスクに位置づけられています。「経済安全保障」とは，国家の主権や独立，国民の生命・財産などの国益を経済面から確保することを言います。具体的には，半導体やエネルギーなどの重要な物資・資源の確保，先端技術の開発・保護といった経済活動を通じて，安全保障上の脅威からの，国家・国民の保護を目指す取組みのことです。経済安全保障政策は非常に多岐にわたるため，本パートでは，日本と米国の近時の代表的な政策・規制動向を紹介します。

① 日米の経済安全保障政策とその影響

Ⅰ 日本の経済安全保障政策

日本の経済安全保障政策では，①戦略的自律性の向上，②戦略的不可欠性の向上，③国際秩序の維持・強化が重視され，これを支える推進体制の強化が図られています。①戦略的自律性とは，「わが国の国民生活及び社会経済活動の維持に不可欠な基盤を強靱化することにより，いかなる状況の下でも他国に過度に依存することなく，国民生活と正常な経済運営というわが国の安全保障の目的を実現すること」，②戦略的不可欠性とは，「国際社会全体の産業構造の中で，わが国の存在が国際社会にとって不可欠であるような分野を戦略的に拡大していくことにより，わが国の長期的・持続的な繁栄及び国家安全保障を確保すること」とされています（「提言『経済安全保障戦略』の策定に向けて」（2020年12月，自由民主党政務調査会）参照）。

ここでは，その基礎的な法制度である経済安全保障推進法を解説するとともに，近時の動向として，先端半導体の製造装置の輸出規制，Ｇ７サミットにおける経済安全保障に関する共同文書，セキュリティ・クリアランス制度について紹介します。

ⅰ 経済安全保障推進法

経済安全保障政策の重要な法制度として，2022年５月，経済安全保障推進法が成立・公布されました（２年以内に段階的に施行）。同法では，①重要物資の安定的な供給の確保，②基幹インフラ役務の安定的な提供の確保，③先端的な重要技術の開発支援，④特許出願の非公開の４つの制度の創設を趣旨としています。特に，②基幹インフラ役務の安定的な提供の確保に関して，対象事業者（特定社会基盤事業者および対象事業者に関連サービスを提供する企業）とされる企業は，自社のバリューチェーン／サプライチェーンの見直しが必要となるケースが生じうることが想定されます。

4 重要コンプライアンステーマ　97

【図表1－4⑮】　経済安全保障推進法の概要

視点	概要	主な関連企業	主な影響／対応事項例
重要物資の安定供給	重要物資の安定供給の確保を図るため，**民間事業者への財政支援をする**とともに，その調達先等を国が把握	• 半導体，重要鉱物，蓄電池，抗菌薬等，対象重要物資を製造する企業 • 対象物資のサプライチェーンを有する企業	• 補助金，ツーステップローンなどの金融支援の活用
基幹インフラの安全確保	**基幹インフラ14業種の対象**事業者にて，重要設備の導入に際して**事前届出をし，サイバーセキュリティの観点から国の審査を受ける**	• 金融，交通，エネルギー等，対象事業者とされた企業 • 対象事業者に機器・サービスを提供する企業	• 届出事務 • リスク管理措置 • 委託先等との調整 • 委託先管理の強化
先端技術の開発促進	重要技術（AI等）の開発促進のため，**国による資金支援**や，官民伴走支援に向けた**協議会等を設置**	• 民間の研究機関，大学 • 国立の研究開発機関	• 研究開発の促進 • 情報管理の見直し
特許出願の一部非公開	**安全保障上機微な発明の特許出願の流出を防止するた**め，一定の特許出願について公開を制限	• 防衛，宇宙航空，原子力関連企業 • 大学，研究開発機関	• 対象となる特許の開示・実施制限への対応 • 特許戦略の見直し

　基幹インフラ役務の安定的な提供の確保に関する制度とは，エネルギー・輸送・金融などの基幹インフラサービスの安全性・信頼性の確保のため，重要設備の導入・維持管理などの委託を国が事前審査する制度です（2024年5月運用開始）。指定された基幹インフラサービス14業種に関して，対象事業者に重要設備（特定重要設備）の導入・維持管理などの委託に関する計画書を事前に届出をさせて，国による審査を受ける義務を課しています（なお，2024年5月，一般港湾運送事業を追加する改正法案が成立）。審査においては，サイバー攻撃によるシステム障害や情報流出のリスクなどが検討され，審査の結果，妨害行為を防止するために必要な措置（設備の導入・維持管理などの内容の変更・中止など）を勧告・命令される場合があります。対象事業者はその義務を履行するために，対象設備（設備・機器類，プログラム，クラウドシステムなど），供給者・委託先などに関する届出事項の把握やデータマネジメント，リスク管

理措置を実施し，場合によっては委託先などの見直しが必要となります。また，供給者・委託先においても取引継続のために，その対応協力が必要です。

ⅱ 先端半導体の製造装置の輸出規制

経済産業省は2023年5月，外国為替及び外国貿易法（外為法）に基づく貨物等省令の改正を公布し，先端半導体の製造装置など23品目を輸出管理の規制対象に加えました（2023年7月施行）。これにより，追加される23品目は友好国など42カ国・地域向けを除いて個別許可が必要になります。この規制強化は，米国が2022年10月，先端半導体（14〜16ナノメートル以下のロジック半導体）などに必要な製造装置や技術の輸出を米国商務省の許可制にするなど，規制強化を図っていることが背景にあると見られています。

ⅲ Ｇ７サミットにおける経済安全保障に関する共同文書

2023年5月，第49回先進国首脳会議（Ｇ７広島サミット）において，経済安全保障は重要アジェンダとして取り上げられ，経済安全保障に関する共同文書が公表されました。その中で，日本の経済安全保障政策でも重視する，重要物資に関するサプライチェーンの強化や基幹インフラの安全性，重要・新興技術の流出防止などに向けた国際連携の強化が確認されました。同文書の内容が，今後，関連する経済連携枠組みの形成や各国・地域の政策・規制にどのように反映されていくかを注視する必要があります。

【図表1－4⑯】 Ｇ７広島サミット・経済安全保障に関する共同文書の要点

・強靱な供給網の構築
すべての国に「強靱で信頼性のあるサプライチェーンに関する原則」への支持を促進するとともに，重要物資のサプライチェーンを強化
・強靱な基幹インフラ構築
デジタル領域などの基幹インフラの安全性を強化するため，ベストプラクティスの共有などを通じた協力関係を強化

| 4 | 重要コンプライアンステーマ　99

- **非市場的政策への対応**
不透明な産業補助金，強制的な技術移転等への懸念を表明し，WTO における取組みなどを強化
- **経済的威圧への対処**
経済的威圧への懸念を表明し，「経済的威圧に対する調整プラットフォーム」を通じたパートナー間の協力を促進
- **デジタル領域の有害な慣行への対抗**
企業へのデータ管理規制（政府によるアクセス許可等）への懸念を表明し，慣行への対抗に向けた戦略的対話を進展
- **国際標準化における協力**
「デジタル技術標準に関する G7連携のための枠組み」を通じた協力を再確認
- **重要・新興技術の流出防止のための連携・取組み強化**
先端技術の軍事力強化への利用防止に向けた連携や，輸出管理における多国間取組みを強化

（出所）「経済的強靱性及び経済安全性保障に関する G 7 首脳声明」（2023年 5 月20日）等をもとに作成

iv　セキュリティ・クリアランス制度

　セキュリティ・クリアランス制度とは，政府が持つ安全保障上重要な情報にアクセスする人について，情報漏えいのおそれがないという信頼性の確認を行う制度です。これまでセキュリティ・クリアランスに関する制度では「特定秘密保護法」があり，「防衛」「外交」「特定有害活動の防止」「テロリズムの防止」の 4 分野について，特に秘匿することが必要な特定秘密として指定してきました。2024年 5 月，これに加えて「重要経済安保情報の保護及び活用に関する法律」が成立し，サプライチェーン上の脆弱性関連情報等の経済安全保障に関する情報や，宇宙・サイバー分野の技術情報といった，「重要経済安保情報」を保護の対象として指定することにされています。

【図表1-4⑰】 「重要経済安保情報」「重要経済基盤保護情報」「重要経済基盤」の関係

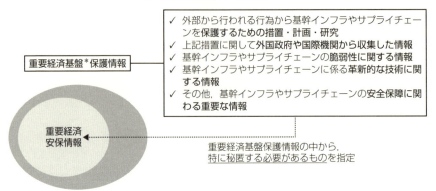

＊重要経済基盤：基幹インフラ，サプライチェーン
（出所）　内閣官房「重要経済安保情報の保護及び活用に関する法律案」等をもとに作成

　保全対象となる経済安全保障上の重要な情報として，「サイバー関連情報」「規制制度関連情報」「調査・分析・研究開発関連情報」「国際協力関連情報」が想定されています。政府は，経済安全保障上の重要な情報のうち，その漏えいが国の安全保障に与える影響について，「著しい支障」相当の情報は特定秘密として扱い，「支障」相当の情報は新法で定める「重要経済安保情報」として扱う方針を示しています。重要経済安保情報は，重要経済基盤（例：基幹インフラや重要物資のサプライチェーン）についての情報（「重要経済基盤保護情報」）で公になっていないもののうち，特に秘匿する必要があるものを指定するとされています。

　制度の積極的な側面としては，例えば，セキュリティ・クリアランス保有が前提となる諸外国での入札参加，国際会議への出席がしやすくなることが挙げられます。AI，量子などの次世代国際共同研究開発では，相手先企業からの情報開示を受けられる事例が増えることも想定されます。

　一方，企業には制度対応上の留意点もあります。例えば，従業員に対し，行政機関に提出する名簿掲載への同意を得る必要があります。あらかじめ本人に対して，行政機関による調査内容など，同意の判断に必要な説明を実施するほ

か，同意の拒否や取下げを理由とする不当な取扱いを行わないことを担保しなければなりません。また，政府から経済安全保障上の重要情報の提供を受ける際，必要に応じて専用の区画や施設を設置するなど，情報保全体制の整備をすることになります。企業においては，セキュリティ・クリアランス制度を利用することで得られる機会と，その手続負担・プライバシー等への配慮といった留意点を勘案しつつ，制度利用の是非を検討することになります。

Ⅱ　米国の経済安全保障政策

　2024年11月に米国大統領選挙が行われるため，今後の政策・規制の方向性はその結果に左右されますが，ここでは現政権の基本的な方向性・施策について紹介します。米国のバイデン政権では，インド太平洋地域の重視や，国内労働者の保護と通商政策の連携を重視する前政権の方針を踏襲しつつも，サステナビリティに関する広範なテーマをも安全保障上の問題として捉え，同盟国・友好国などとの協調を通じて解決を図ろうとする姿勢が見られます。

　2022年10月に公表された国家安全保障戦略では，対中・対露方針や軍事戦略だけでなく，基幹インフラの保護，重要物資のサプライチェーン，気候変動・エネルギー問題，食料不安，人権など，広範な分野を安全保障上の重要課題として挙げています。また，民主主義の強化を強調する一方，たとえ民主的ではない国であっても，ルールに基づく国際秩序を支持する国であれば協力していく旨が示唆されている点も注目されます。

　以下，関連政策のうち，輸出・投資などに関する規制強化，重要物資のサプライチェーン政策，輸出管理と人権イニシアチブについて紹介します。

ⅰ　輸出・投資などに関する規制強化

　輸出規制・取引規制の代表例としては，米国輸出管理規則（EAR：Export Administration Regulations）と米国OFAC規制（Office of Foreign Assets Control：財務省外国資産管理室）が挙げられます。EARは米国原産品目等の対象品目の再輸出（米国外から第三国への輸出）について米国商務省の許可を

要求するなどの制限を，OFAC規制は米国内外においてSDNリスト（Specially Designated Nationals and Blocked Persons List）の掲載者との取引禁止などを定めるもので，域外適用に注意が必要となります。

近年，米国は対中輸出規制の強化を継続しており，2022年10月，EARの改正により，AI技術に利用する先端半導体やその製造装置，スーパーコンピュータの対中輸出規制を大幅に強化しました。これにより，米国などの半導体メーカーが中国向けの輸出を縮小するなどの動きが見られます。さらに2023年10月には，第三国からの迂回輸出を防止するための規制の強化等も発表しました。また2018年には，新興技術（AIなど14分野），基盤技術（半導体製造装置など）の輸出規制に関する輸出管理改革法（ECRA）が成立しています。

対米投資においては，米国では対米外国投資委員会（CFIUS）による審査を通じて，安全保障上懸念のある対米投資を制限しています。近時，外国投資リスク審査現代化法（FIRRMA）およびその下位規則によって，CFIUSの審査対象となる取引の範囲が大幅に拡大されました（外国企業などによる重要技術・インフラ，機微な個人データに関する事業投資，不動産取得など）。企業は，投資案件の審査基準・プロセスがこれに対応したものかを確認し，必要に応じて見直す必要があります。また，対中投資では2023年8月，先端半導体・AI・量子技術領域の規制を強化する大統領令を発表しており，適用対象企業においては，対中投資制限への対応も必要となります。米国では先端技術分野の規制強化等について「スモールヤード・ハイフェンス」とすること，すなわち，限定された領域を厳しく管理するとの方針が言及されてきましたが，規制領域を拡大すべきとの議論もあり，その影響も少なくないことから，継続的に注視することが肝要です。

ⅱ　重要物資のサプライチェーン政策

2022年2月，米国は国内製造業の活性化と重要製品のサプライチェーン強化に向けた計画を発表，「CHIPSおよび科学法（CHIPSプラス法）」（2022年8月成立）などを通じて，半導体などの重要物資のサプライチェーンについて国

内回帰や友好国での形成を後押しする政策を打ち出しました。

　また，米国主導の下，インド太平洋経済枠組み（IPEF）では，①貿易，②サプライチェーン，③クリーン経済，④公正な経済の4つの柱について交渉目標が設定され，インド太平洋地域での連携を強化する政策が議論されており，2023年11月，参加国にて，重要物資のサプライチェーンの強化に関する協定が署名されました。関連物資のサプライチェーンを有する企業は，その具体的なルール形成の動向を注視する必要があります。また，インフレ削減法（Inflation Reduction Act）は気候変動対応とエネルギー安定供給等の課題に対して，クリーンエネルギーや電気自動車（EV）等の導入における税制優遇措置を設ける一方で，サプライチェーン上で懸念国の事業体が関与する場合の制限を設定しています。これは，気候変動対応にも経済安全保障の視点が取り入られている一例に挙げられます。

〈サプライチェーンに関する協定の要点〉

- 途絶リスクの高い物資についての参加国間の情報共有
- 重要物資について，参加国同士での調達先の拡大
- 重要物資が不足した国・地域へのサポート
- サプライチェーン上の労働者の権利を尊重する企業への積極的な投資

ⅲ　人権関連施策

　米国は，人権侵害事例について，グローバル・マグニツキー人権問責法に基づく経済制裁や，貿易円滑化・貿易執行法に基づく，人権侵害被疑物品の輸入差止めなどを通じて，その対応を行っています。また，2023年3月には，「輸出管理と人権イニシアチブ（ECHRI）」に関する行動規範を，日本を含む有志国とともに策定しました（Export Controls and Human Rights Initiative Code of Conduct Released at the Summit for Democracy：米国国務省）。ECHRI は，米国主催の第1回民主主義サミットで提案された，有志国間の連携枠組みです。軍事用・民生用のデュアルユース製品・技術（例：監視技術）の人権侵害への

利用防止を目的とし，日本を含む20カ国以上が参加しています。

　上記行動規範は，非拘束的なものであるものの，参加国にデュアルユース製品・技術の人権侵害への利用防止に向けたルール・取組みの推進や，企業などにおける人権デュー・ディリジェンスの促進を求めています。輸出管理・通商の側面においても，人権デュー・ディリジェンスを含む人権尊重に向けた取組みの要請が高まる動向に留意が必要です。

〈ECHRI 行動規範の要点〉

- デュアルユース製品・技術の人権侵害への利用防止に向けたルール・取組みの推進
- 人権問題や輸出管理法令の執行に関する，産官学，市民との協議・連携
- 技術進歩がもたらす人権への脅威やリスクに関する情報に対する有志国間の継続的な共有
- 人権侵害防止に向けた輸出管理に関するベストプラクティスの共有
- 企業等における人権デュー・ディリジェンスの促進
- 非参加国のキャパシティビルディングおよび行動規範に沿った行動の促進

②　経済安全保障リスクの視点

　前述のような経済安全保障政策・関連規制は，企業の貿易，投資，サプライチェーン施策など，さまざまな面で影響を及ぼし，その対応範囲は従来からイメージされる安全保障リスクよりも広範囲に及びます。特に，サプライチェーン・事業戦略に直結するリスクや人権・環境などのサステナビリティリスクは重要な経営課題となりえます。「対象となる重要物資のサプライチェーンを有するか」「対象となる基幹インフラ事業者やその供給者に該当しうるか」「規制対象品目を輸出しているか」「政府調達に伴う調達基準の遵守の適用対象となりうるか」などについて，自社のビジネスモデルと照らして整理をし，自社に影響を及ぼしうる経済安全保障リスクの特定と，リスク対応の主管部門・連携部門の整理・認識共有を図ることが大切です。

[4] 重要コンプライアンステーマ　105

(2)　リスク管理に係る施策と体制整備

　リスク対応の基本は，「リスクを特定・評価すること」「リスクの程度に合わせて各種施策を策定・導入すること」「これらの施策を支える体制を整備すること」にあります。以下，①リスク評価に基づく対応策の策定，②体制整備という側面から，企業の施策のポイントを紹介します。

①　リスク評価と対応策の要点

　リスク評価にはさまざまな具体的なアプローチがあり，目的によって進め方や着眼点は異なります。ここでは，代表的なシナリオ分析アプローチについて紹介します（他にも，政治（P）・経済（E）・社会（S）・技術（T）・法律（L）・環境（E）に着目するPESTLE分析に基づく外部環境分析などがあります）。

Ⅰ　シナリオ評価の進め方例

　シナリオ分析アプローチは，自社のビジネス・サプライチェーンに対する具体的な危機シナリオと自社ビジネスへの影響を分析し，その対応策を策定する手法です。特に，ビジネスモデル・サプライチェーン上の脆弱性を把握し，サプライチェーン戦略やリスク管理などの施策に活用することに適しています。

【図表1−4⑱】　リスク評価・施策策定のステップ例

	リスクシナリオの特定	シナリオの具体化	影響分析	対策の策定
着眼点（例）	・各国の政策・規制 ・軍事的同盟 ・領域に関する争い ・自社事業・サプライチェーン ・関連重要技術	・時系列分析（平時／有事） ・リスクテーマ別分析（貿易・経済制裁，情報セキュリティ，サプライチェーン，人権・安全等）	・バリューチェーン／サプライチェーン上の脆弱性 ・経営資源（人・モノ・カネ・情報）への影響 ・事業別の影響（定性／定量）	・平時の取組みの見直し（サプライチェーン戦略，BCP） ・有事の対応事項の見直し（退避行動，撤退方針） ・体制の見直し（統括部門，インテリジェンス機能）

106　第1編／第1章　法務・コンプライアンス部門に必要な機能を備えるための取組み

　リスク評価に基づく施策を策定するには，まず，事業に関連するリスクシナリオを特定し，具体化することが必要です。政治・経済情勢，規制環境，先端技術開発などの動向を踏まえ，中長期的な視点で事業に影響がありうる事象を特定します。その際，各国の行為主体，軍事行動や規制といった行為態様，想定時期・期間，関連リスク領域などを具体化しておきます。また，有事だけではなく，国際関係の変化に基づく規制・政策も想定しておくことが望ましいです。

　次に，具体的なシナリオに基づき，自社のバリューチェーン／サプライチェーンへの影響を分析し，重大な影響が生じうる脆弱性を明確にします。その際，経営資源を構成する4つの視点（ヒト・モノ・カネ・情報）から，自社への影響を定量・定性の両側面から把握することが有用です。定量面では例えば，想定される生産・販売数量の減少，原材料費高騰に起因するコストが挙げられます。定性面では，役職員の安全や人権，情報資産，レピュテーション（評判）への影響といった要因が挙げられます。特に，特定の調達先に依存しているなど，代替手段の乏しい重要物資を把握することが重要です。

　以上の分析結果を踏まえ，リスクの大きさに応じて施策を策定・実行します。代表的な施策として，サプライチェーン戦略，事業継続計画（BCP）の見直し，役職員の安全確保に関するマニュアルの整備，事業の投資・撤退方針，リスク管理体制の再構築が挙げられます。

Ⅱ　リスク管理体制

　国際情勢や規制環境などに重大な変化が見られた際，リスク情報を多面的に入手し，適時の意思決定を可能とする仕組みづくりが不可欠です。経済安全保障や地政学リスク対応には，貿易，経済制裁，軍事行動，情報セキュリティ，人権，安全，サプライチェーンといった多様な観点が必要ですが，日本企業の多くでこれまで，それぞれのリスク主管部門は分かれていました。近時，インテリジェンス機能を備え，さまざまなリスクに機動的に対応する経済安全保障統括部門を新設・運用するなど，組織の設計・機能を見直す取組みが目立つよ

うになりました。統括部門を設置する会社の傾向として，多国間サプライチェーンや輸出管理・投資規制の対象となる事業を持つ大企業が挙げられます。

統括部門を設置する場合には，各リスク主管部門と円滑な施策の連携ができる体制とするために，統括部門の専任者のほかに，関連する主要なリスク主管部門を兼任して部門間の橋渡しをする担当者を設置することが考えられます。また，経営層，特に経済安全保障リスクを管掌する最高リスク管理責任者（CRMO）や最高法務責任者（CLO）は，平時においても種々の関連リスクを踏まえた施策展開を推進する司令塔としての役割を担うことが期待されます。

ただし，統括部門の設置は，委員会や既存部門の活用よりもリソース確保などの負担が大きくなります。そのため，まずは委員会などの会議体を活用しながら，必要に応じて統括部門の設置を検討することが現実的と思われます。統括部門の設置が適するケースとしては，例えば，高リスク業種（規制対象品目の輸出や重要技術の取扱いが多い／重要インフラ業種など）に属し，日常的に連携すべき業務が多く，常時，各部門の担当者をアサインすることが効率的である場合が挙げられます。

108　第1編／第1章　法務・コンプライアンス部門に必要な機能を備えるための取組み

【図表1－4⑲】　経済安全保障リスク統括部門の設計例

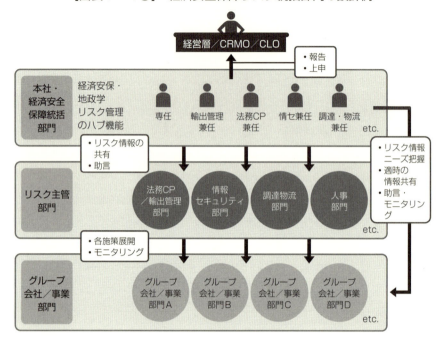

　組織形態について，多くの企業に共通して必要なのは，経営インテリジェンス機能です。すなわち，意思決定に必要な情報が適切に収集・分析され，経営者・事業部門などの関係者間で必要十分に共有・活用される仕組みが，経営判断やリスク管理の基盤となります。

　インテリジェンス機能の要点は，無数にある情報の中から，意思決定に重要な影響を与えうる情報を適切に取捨選択し，適時に共有できるか否かです。そのためには，情報を利用する経営側のニーズの把握にはじまり，情報の収集・分析・利用に向けた計画の策定・実行，フィードバックを踏まえた改善といった，インテリジェンスサイクルを回すことが肝要です。情報の利用主体によって，期待されるインテリジェンスは異なるため，その利用者・部門・目的から必要なインテリジェンス活動を整理する必要があります。

また，効率的な情報収集・分析を行うにあたっては，まずは自社に関連しうるリスク事象を幅広くリストアップし，その中でも自社に関係するリスクを中心にシナリオを形成し，定期的にそのリスクシナリオを検証・見直しする視点から，情報を収集・分析することが有効です。定期的な見直しに向けては，環境変化のトリガーとなりうる変曲点（例：国政・大統領選挙等の政治スケジュール，自社に影響の大きい法制度の制定予定）とその論点を可能な限り整理しておくことで見直しのタイミング・ポイントが明確になります。

② 法務・コンプライアンス部門の関与

経済安全保障リスクへの対応において，法規制や政策の理解が必要なことから，法務・コンプライアンス部門が重要な役割を果たす企業が多く見受けられます。まず，従前から，輸出管理規制，投資規制などの規制面への対応，法務相談，コンプライアンス体制構築に関与している事例は多く見られます。従前からの法規制対応のほか，近時は，経済安全保障推進法の基幹インフラの安定供給に関する届出制度対応において，法律・ガイドラインの解釈に関する助言をし，情報セキュリティ・IT 部門をサポートする企業も増えています。

また，経済安全保障統括部門や関連委員会に法務・コンプライアンス部員が関与することにより，経営インテリジェンス機能やリスク管理機能を支えることも有効です。そのため，法務・コンプライアンス部員が同統括部門や委員会に参画するケースも見られます。

経済安全保障リスク対応には，国際情勢や地政学リスクに関する一定の知見が有用ですが，リスク管理で培った知見を活用し，積極的に経営層や事業部門に助言を行ったり，リスク視点で従前の契約ひな形やルールの見直しを進めたりする事例も見られます。このように，経済安全保障リスク対応において，法務・コンプライアンス部員の知見・経験は有用であり，その役割を発揮することがますます期待されていると言えます。

5　AIリスク

> **本テーマのポイント**
> - 欧州 AI 法，米国の AI リスクマネジメントフレームワークや州法，日本の AI 事業者ガイドラインなど，グローバルで規制・ガイドラインの制定が活発になっています。生成 AI の利活用には，特に厳格な規制をかける向きもあり，各社において的確な AI リスクの把握と対策が重要です（→解説箇所：(2)①）。
> - 上記リスクを踏まえた AI ポリシーの策定，AI ガバナンス体制の構築，AI リスクアセスメント運用，モニタリング，利活用に関するルールの制定など，倫理的な AI 開発だけでなく適正な AI 利活用をも念頭に置いた，AI ガバナンス体制の構築が求められます（→解説箇所：(2)②）。

(1)　概　　要

　国内外を問わず，AI（人工知能。以下，AI）を活用したビジネスが普及する中で，倫理面やプライバシー，個人情報保護等の問題が顕在化しており，規制・ルール化に関する議論が進展しています。2024年3月には欧州議会において，Artificial Intelligence Act（以下，欧州 AI 法）が可決されました。米国においても，国立標準技術研究所が AI Risk Management Framework を公表するなどガイドライン整備に進展がみられるほか，州法・条例レベルでの，AI 利用規制の法制化の動きも見られます。イリノイ州など複数の州で，AI を利用した採用・人事管理に関する規制法が制定されているほか，2024年4月には「最先端 AI システムのための安全で安心な技術革新法」がカリフォルニア州で可決され，大規模な AI 開発におけるサイバーセキュリティ対策の義務化や被害発生時の企業責任が定められました。

　生成 AI の登場によって，AI 利活用は多くの企業にとって無関係なものではなくなりました。前述の欧州 AI 法は，生成 AI サービスの提供者だけでなく，利用者に対する規制も定めています。日本政府も，2024年4月には「AI 事業者ガイドライン（1.0版）」（以下，AI 事業者ガイドライン）を公表し，生

成 AI の開発・提供だけでなく，利用を行う事業者の遵守事項の指針を明らかにしました。より一層，多くの企業において，AI 利活用を想定したリスクコントロールの重要度が増していると言えます。

① AI リスクの特徴（総論）

　AI リスクに関する論点は，製品・サービスのユースケースによって大きく変わる上，論点自体も広範に及ぶことが想定されます。法務・コンプライアンス部門だけでなく，経営企画部門・事業部門・研究開発部門等が連携して，想定されるビジネススキームを整理の上，法務・コンプライアンスリスクを整理することが肝要です。ここでは，典型的なリスクカテゴリーのうち，法務・コンプライアンス部門との関わりが深い，Ⅰ AI 倫理，Ⅱ個人情報・プライバシー，Ⅲ知的財産／開発契約，Ⅳ品質保証，Ⅴ競争法・独占禁止法の 5 つのテーマについて解説します。

Ⅰ　AI 倫理

　生成 AI を含む多くの AI ビジネスに共通するテーマとして，AI 倫理に関わる事項が挙げられます。AI 倫理に関しては，人間の尊重，公平性，透明性，人間の判断の介在，安全性，セキュリティ，プライバシー等の視点から，その開発・設計等の適切性が問われます。例えば，採用面接において AI を利用する場面において，AI が導く結果が偏向的で公平性を欠くといった問題が発生しています。また，顔認証に AI を利用するユースケースでは，人種間で正確性に相違が見られ公平性が問題となるケースが挙げられます。これらは，アルゴリズム自体が中立的であっても，学習データにバイアス（偏見）が含まれていた場合に，AI の判定が中立的でなくなることに起因しています。また，そもそも AI による判定は，判断基準がブラックボックス化しているため，透明性が担保できないという点も問題となります。

　AI の利用により性別や人種に係る差別的な取扱いが生じるようなケースは，特に昨今の社会情勢に照らして注意を要します。

Ⅱ　個人情報・プライバシー

　各 AI 倫理原則においても共通して取り上げられ，各国・地域の法規制整備も進展している重要テーマです。AI の学習・利用等において，個人情報を取り扱うケースであれば，個人情報保護法等の個人情報保護法制の遵守が問われます。例えば，生成 AI に画像等のデータを読み込ませた場合にも，個人情報保護法上の第三者提供に該当しうることが考えられ，事前同意の有無が論点になりえます。

Ⅲ　知的財産／開発契約等

　知的財産権（特許等）や営業秘密としての保護や他人の権利への侵害防止を図ることも，AI の開発・利用を進め，関連ビジネスを推進するために必要です。重要な成果物（学習済みモデル等）の特許等による保護や，共同開発者との契約による権利関係の明確化，当該 AI 技術の利用を許諾する際のライセンス契約等は，投下資本の回収やトラブル防止のための要です。

　また，機械学習のプロセスにおける著作物の利用管理についても注意が必要です。日本の著作権制限規定（著作権法30条の４など）は，AI 学習用の既存著作物の利用を適法と解釈しています。このことは国内での開発推進において強みになる一方，海外の著作権法では著作権侵害と解釈されることが多いため，海外にも研究開発機能を有するグローバル企業では，各国の著作権法に準拠した対応が求められます。また，日本の著作権法においても，生成された成果物が既存著作物の著作権を侵害する場合には，著作権侵害に該当しうると考えられています（文化庁「AI と著作権に関する考え方について」を参照）。こうした各国・地域の知財法制をリサーチし，AI の研究開発をどの国で行うことが自社にとって有利かを積極的に提言することも，法務・コンプライアンス部門の役割として重要になります。

Ⅳ　品質保証の問題

　AI 開発においては，その精度保証が難しく，品質問題が生じることが少な

くないことを念頭に，契約交渉を行うことも重要です。特に開発者側としては，契約上「保証できる範囲／できない範囲」を明確にし，自社の責任範囲を明確にすることが必要です。一方，利用者側（導入企業）としては，開発者側に対して，品質保証を受けることが困難な事項であっても，期待する品質に可及的に近づけるために，開発者側における説明義務を明確にすることなどが考えられます。

V　競争法・独占禁止法

　AIの開発・利用は競争法・独占禁止法上，問題となることがあります。例えば，競合する複数の事業者が同一のAIを利用して，自動的に同一価格に調整するケース（いわゆるデジタルカルテル）が挙げられます。また，データの囲い込みについても，例えば，高い市場シェアを有する事業者同士が，共同研究などのためにデータを収集・利用する際に，特定の事業者を排除することが独占禁止法上，問題となりえます（独占禁止法により禁止される「不公正な取引方法」）。なお，2021年3月に，公正取引委員会より，「アルゴリズム／AIと競争政策」との報告書が公表されており，これらの論点を整理する上での参考になります。

②　AIリスクの各論（生成AI利活用に関するリスク）

　生成AIの登場により，ビジネスにおける利活用のシーンが増加しています。例えば，これまで電話やチャットボットで行っていた顧客対応を生成AIによって実現する事例，業務上の各種リサーチや情報整理に活用する事例，プログラミングへの活用事例も登場しています。他方，生成AIのビジネス利用は，入力する情報・出力された情報の管理を求められる点で，これまでのソフトウェア管理とは異なったリスクも生じえます。

I　生成AIへの情報の入力

　生成AIを利用する際に入力する情報が，第三者の情報である場合には各種

法令違反のリスクが生じます。例えば，第三者の著作物に依拠した生成物を出力する目的で当該著作物を生成AIに入力し，生成物を利用することは，著作権侵害を構成する可能性があることが指摘されています（文化庁「AIと著作権に関する考え方について」を参照）。また，入力された情報が第三者の営業秘密に該当する情報の場合には，不正競争防止法に違反する可能性があります。他にも，個人情報の第三者提供該当性など，複数の法令違反リスクを十分に検討した利用が求められます。

　加えて，偏見・差別の助長への配慮やプライバシー保護の観点も重要です。生成AIの個人情報やセンシティブな情報，偏見・差別につながる情報の入力を規制するなど，生成AIへの情報の入力段階での配慮も一定程度必要になります。

Ⅱ　生成AIから出力された情報

　生成AIから出力した生成物を公表・公開する際にも，主に4つの観点から注意が必要です。

　1つ目は，出力された情報の著作権侵害の可能性です。前述のとおり，人が第三者の著作物に依拠した生成物を出力する意図で生成AIを利用し，その生成物が第三者の著作物と類似しているとみなされた場合，著作権侵害となる可能性があります。著作権侵害リスクを低減するためにも，AIから出力された情報の利用に際して，著作権侵害リスクアセスメントやモニタリングが必要となるケースが想定されます。

　2つ目は，出力された生成物にプライバシーを侵害する内容や偏見・差別的内容を含んでいないかの観点です。入力段階で偏見やプライバシーに配慮したデータ入力が行われていた場合でも，AIアルゴリズム自体が持つバイアスの影響を受けて，出力情報が歪められる事例は多く報告されています。出力結果が適正であるか，人を介在して判断することが重要になります。

　3つ目は，生成AIサービス利用規約への遵守の観点です。AI事業者ガイドラインにおいても利用規約の整備・遵守による適正利用が求められています。

4 重要コンプライアンステーマ　115

生成 AI サービスの提供事業者が公開する利用規約の多くは，生成物の公開時における条件を明示しています。公表・公開時に求められる表記を含む条件への違反が規約違反になる可能性がある点には特に注意が必要です。

　4つ目は，欧州の AI 法に代表されるグローバル規制への対応です。欧州 AI 法は，生成 AI の利用者にも一定の説明責任・透明性確保を求めています。感情認識や生体認証など個人のプロファイリングを伴う生成 AI の活用にあたって対処者への通知を求めていること等もその一例です。汎用性の高い生成 AI は，活用の仕方によっては社会的影響が大きいため，強度な規制を課そうとする動きは各国で見られ，今後のグローバル規制の動向にも十分に注意が必要です。

(2)　対応上のポイント

①　各国規制・ガイダンスの概要

　前述のとおり，AI 倫理や AI 利活用のリスクについての国際的な認知の広まりとともに，近年，規制やルールに関する議論が活発化しています。【図表1－4⑳】では，EU の AI 法，米国の AI リスクマネジメントフレームワークを中心に，各国・地域の規制の動向を整理します。

【図表1－4⑳】　AI 利活用に関する規制・ルール・ガイドラインの一例

名　　称	公表時期	発行元
AI に関する理事会勧告	2019年	OECD
AI 倫理に関する報告	2021年	UNESCO
人間中心の AI 社会原則	2019年	日本・内閣府（人間中心の AI 社会原則会議）
AI 利活用ガイドライン	2019年	日本・総務省（AI ネットワーク社会推進会議）
国際的な議論ための AI 開発ガイドライン案	2017年	日本・総務省（AI ネットワーク社会推進会議）

AI 原則実践のためのガバナンス・ガイドライン ver.1.1	2022年	日本・経済産業省（AI 原則の実践の在り方に関する検討会・AI ガバナンス・ガイドライン WG）
信頼できる AI のための倫理ガイドライン	2019年	欧州委員会
倫理的に調整された設計（第2エディション）	2019年	米国・IEEE（Institute of Electrical and Electronics Engineers）
AI 権利章典	2022年	米国
AI リスクマネジメントフレームワーク	2023年	米国・国立標準技術研究所
広島 AI プロセス包括的政策枠組み	2023年	G7広島サミット
AI 事業者ガイドライン（第1.0版）	2024年	日本・経済産業省・総務省
AI 法	2024年	欧州・欧州議会（可決）

I　欧州における AI 法の概要

　2024年3月に欧州において AI 法が可決しました。同法は規則（Regulation）に位置づけられるため，加盟国の国内法化を待たずに直接適用され，統一的なルールとして機能することになります。このままいけば，2024年中に利用禁止 AI に関する規制の適用が始まり，2025年には汎用目的 AI（生成 AI 含む）の義務の適用および罰則適用，2026年に完全施行と，段階的に適用が開始される予定です。同規制法は域外適用が定められているため，EU 域内に AI システムまたはそのアウトプットを提供する企業は，日本企業であっても適用対象となり，その影響が懸念されています。

　AI 法の特徴は，リスクベースアプローチが採用されている点です。AI システムに内在するリスクをその用途・性質に照らし分類した上で種々の義務・禁止行為を定めています。例えば，重要なインフラシステムに実装する AI や，採用活動に利用する AI，医療機器に利用する AI などはハイリスクに含まれ

ます。ハイリスクカテゴリに該当する AI については，バリューチェーン上の役割（AI 提供者，AI 利用者，輸入業者，販売業者，認定代理人）に応じて，追加的な義務を課しており，特にプロバイダー（AI 提供者）とデプロイヤー（AI 利用者）に対して厳格な規制を敷いています。

【図表 1 − 4 ㉑】 ハイリスク AI における主な義務

ハイリスク AI に要求される要件	リスクマネジメント体制の構築
	品質基準を満たしたデータセットの使用
	技術文書の作成および最新化
	ログの自動記録
	透明性確保
ハイリスク AI のプロバイダーに追加的に課せられる主な義務	ハイリスク AI の透明性確保
	品質マネジメントシステムの整備
	技術文書等の10年間の保管義務
	自動的に生成されたログの最低 6 カ月の保存義務
	適合性評価の実施
	ハイリスク AI の適合要件を遵守した旨を記載した EU 適合宣言の作成
	CE マーキングの貼付
	EU データベースへの登録
	インシデントに関する欧州委員会への報告義務および是正措置
ハイリスク AI のデプロイヤーに追加的に課せられる主な義務	適正利用のための技術的および組織的措置
	AI システム使用時の人による監視（人の介在）
	AI システムのモニタリングおよび当局への通知
	自動的に生成されたログの最低 6 カ月の保存義務
	職場での利用にあたっての労働者への通知
	EU データベースへの登録

GDPR 等で定めるデータ保護影響評価の実施	
犯罪捜査等の目的で用いる場合の事前許可も要請	
ハイリスク AI の利用についての通知	

　また，生成 AI についても汎用目的 AI の一部として規制対象とされており，プロバイダー（AI 提供者等）とデプロイヤー（AI 利用者）にそれぞれ，透明性確保を中心とした義務が課せられます。また EU 市場に重大な影響を与える可能性のある汎用目的 AI については，プロバイダーに対して，敵対的テストを含むモデル評価，リスク評価，重大インシデントへの対処，サイバーセキュリティ対策の実施などが課せられます。

【図表 1 － 4 ㉒】　生成 AI を含む汎用目的 AI の規制枠組み

	提供時の義務	透明性確保
プロバイダー（AI 提供者）	汎用 AI モデルの技術文書の作成 組み込みを行う AI システム提供者への開示 知的財産および機密文書の法的保護の遵守 AI 学習用コンテンツの要約作成・公開	対話型 AI：AI との対話であることを通知 コンテンツの生成・操作：AI 出力であることが機械的に読み取り可能な形式で表示
デプロイヤー（AI 利用者）	―	感情認識／生体認識：対象者への通知 ディープフェイク：AI 出力であることが機械的に読み取り可能な形式で表示

　違反者への罰則も大きく，禁止行為への違反があった場合には，前年度における世界売上高の 7 ％，または3,500万ユーロのいずれか高い金額の罰金を科されるほか，義務違反があった場合でも，前年度における世界売上高の 3 ％，

または2,400万ユーロの罰金が適用される予定になっています。

Ⅱ　米国における規制・ルールの概要

　米国国立標準技術研究所（NIST）は，2023年1月にAIリスクマネジメントフレームワークを公表しました。同文書はEUにおける規制法案と異なり強制力をもつものではありませんが，AI開発において留意すべき点がまとめられた公的なガイドラインとして，多くの企業が参照することが想定されます。

　同文書は大きく2部に分かれて構成されています。前半では，信頼性のあるAIシステムの特徴について解説し，信頼性のあるAIが備えるべき7つの特徴を明確にすることで，AI開発において留意すべきポイントを明示しています。後半では，AIリスク管理のフレームワークとして，ガバナンス（体制構築・文化の醸成），マップ（リスク情報の収集・リスクの特定），アセスメント（リスク分析・測定），マネジメント（リスクに応じた対応）の4つの観点から，要求事項をチェックリスト形式で明らかにすることで，AIリスクに対処しようとする企業や団体が取るべき対応を整理しています。

　こうしたガイドラインに代表されるソフトローに加え，AI規制の議論も米国内で強まっている点に留意が必要です。例えば，2022年に制定されたカリフォルニア州法では，事前の通知なく労働者のデータ収集を行うことが禁止され，労働者側にデータの確認・修正・保護の権利が与えられるなど雇用環境でのAI利用に制約を課しています。

　今後，米国におけるAI規制の動向が自社ビジネスに与える影響を正しく読み解くためには，AIリスクマネジメントフレームワークなどのソフトローに加え，米国でのハードローによる規制強化の議論も踏まえることが求められます。

120　第1編／第1章　法務・コンプライアンス部門に必要な機能を備えるための取組み

【図表1−4㉓】　AIリスクマネジメントフレームワークにおける信頼ある AIの7つの要素

要　素	概　要
有効性＆信頼性	客観的に証明可能な要件適合性がある。要求どおりに動作する
安全性	人の生命，健康，財産，環境を危険にさらさない
セキュリティ＆レジリエンス	機密性・完全性・可用性を満たす，予期しない事象でも機能を維持できる
説明可能性＆解釈可能性	文書化などの形でメカニズムが表現されており，AIシステムが出力した特定の予測や推奨の理由が説明可能である
プライバシー	AIシステムから出力される情報で個人が特定されないようプライバシーの向上が図られている
公平性（バイアスの管理）	差別や偏見を生まないよう，平等性や公平性に配慮されている
説明責任＆透明性	AIシステムの設計や学習がいつ・だれによって行われたか明らかである

② 全社における取組み

Ⅰ　AIポリシー策定

　前述のとおり，各国・地域において AI 倫理原則・ガイドラインが策定・公表され，グローバルでの共通理解が醸成されつつあります。こうした背景を受け，グローバル企業においても AI 利活用に関する重要事項を AI ポリシーとして取りまとめ，ポリシーを根拠に関連する取組みを推進しようとする動きは加速しています。

　また，ポリシーレベルではやや抽象的な内容になり，役職員の具体的な行動に落とし込みにくいため，ガイドブックやマニュアルを作成することも有効です。全社的な方針を対外的にも示すことで，ステークホルダーコミュニケーションを通じて自社の方針を示す役割を持つポリシーとは異なり，ガイドブックやマニュアルは非公開とすることが原則です。そのため，具体的なユースケースや自社に即したリスクシナリオを想定の上，事例や留意点を踏まえ，あ

4 重要コンプライアンステーマ　121

るべき行動の指針等を合わせて整理することが効果的です。これらのガイド
ブックやマニュアルは，AIガバナンスの風土醸成に向けた社員の教育・研修
に活用することも有効となります。

Ⅱ　AIリスクマネジメント体制の構築（機能・役割の設計）

　AIポリシーに則したAIリスクマネジメント体制の整備にあたっては，ま
ずは，取組みを主導する部門・担当者の役割，関連部門の役割，関連委員会の
機能・役割を整理することが必要となります。その機能・役割の設計にあたっ
ては，AI関連ビジネスの現状の規模・今後の計画を踏まえて，既存のコンプ
ライアンス体制の活用の余地を検討し，必要に応じて，AI倫理委員会やチー
ム・部門，担当者の新設・配置を検討することになります。AI倫理委員会の
設置検討においては，メンバー構成（客観性担保のための社外有識者の起用）
や，権限の範囲（プロジェクトの中止勧告権等），開催頻度，関連委員会との
機能整理等が論点となります。なお，過剰に重厚な体制にすることで，かえっ
て迅速性を阻害するおそれもある点には留意する必要があります。

Ⅲ　AIリスクマネジメントの運用プロセス（リスクアセスメント）

　AIポリシーに則したAIガバナンスの体制を実行に移すために，自社内で
の企画・開発・商用化のバリューチェーンに潜むAIリスクのアセスメント運
用を構築することが重要になります。アセスメント運用の構築にあたって，ま
ずは現状のリスク主管部門が行っている評価プロセスを踏まえ，現状では不足
してしまう役割・リスク・論点を把握することから始めます。これを踏まえて
評価プロセスを設計し直すとともに，前述の各国・地域が公表するガイドライ
ンなどに基づいて，AI評価基準を策定することも必要となります。AI評価基
準は，被評価部門にとって評価の基準が明確になるようチェックリスト化する
といった方法も有効です。これらの評価基準と組織間の役割分担の明確化が，
最適なAIリスクアセスメント運用の第一歩となります。

Ⅳ　運用モニタリングの設計

　構築したAIリスクアセスメントプロセスを踏まえた運用が本格的に回り始めると，リスクアセスメントプロセスを含む統制手続が適切に機能しているかを評価するモニタリング機能を設計することも重要です。こうしたチェック機能を設けることでPDCAサイクルに乗せて，AIガバナンスを高度化することができるからです。

　モニタリングの設計にあたっては，3線ディフェンスの考え方を踏まえて，事業部門・AI倫理委員会（管理部門）・監査部門による役割分担を行うことも有効です。この際には，最初に定めたAIポリシーやそれに基づく社内規程を拠り所として，リスクオーナーである事業部門がこれらに則した運用を行えているか，AI倫理委員会（管理部門）は実行可能な規程・ルールを定め管理できているかを，第3線の監査部門が監督することになります。

Ⅴ　生成AIの利活用ルール策定

　まずは，自社における生成AIサービスの導入状況・利用範囲を把握・管理しておくことが重要です。どの部署で，どんなAIサービスが何に活用されているのかを一元的に可視化・管理し，自社において想定されるコンプライアンス・情報セキュリティリスクのアセスメントを行っておくことはAIリスクガバナンスの第一歩となります。

　生成AIの入力・出力に一定のリスクがあることを踏まえ，社内規程を整備することも求められます。例えば，入力時のルールとして，入力禁止情報を明示しておくことが考えられます。第三者が作成した文章，顔写真や社員氏名，顧客情報，個人情報，他社が権利を保有するプログラムコード，機密情報，偏見・差別を助長する情報などが禁止項目に考慮すべき内容となります。

　また，出力情報による差別・偏見の助長や著作権等の知的財産権侵害の可能性を踏まえ，出力情報の活用に人を介在させる仕組みづくりが求められます。対外的な利用に一定の社内チェックを課すなど，利活用のためのワークフローを設計することも効果的です。

生成 AI の利活用ルールを定める上では，AI 開発・提供・利用に分けてそれぞれの遵守すべき事項などをまとめている，AI 事業者ガイドラインを参照することも有効です。AI を利活用する企業に対しても，一定の説明責任や透明性確保を要求しているほか，安全性確保やプライバシー，バイアスへの配慮も求めています。

こうしたガイドラインに加え，生成 AI の新たな法整備の必要性が国内でも議論されており，今後は，より一層，生成 AI の適正利用に向けたリスクガバナンスの設計が求められると考えられます。

③ 法務・コンプライアンス部門が果たすべき役割と他部門との連携

AI リスクに関しては，倫理，事業戦略，技術観点でのリスク，広範なコンプライアンスリスクなど複合的なリスクマネジメントが求められます。そのため，法務・コンプライアンス部門単独で対応するのは得策ではなく，他部門との緊密な連携が極めて重要になります。

Ⅰ AI ポリシー・社内規程の策定

国内外の AI 原則・ガイドラインで明文化された事項を踏まえて，ポリシーや社内規程を策定する役割を法務・コンプライアンス部門が主導することが考えられます。他方，ポリシー・規程類の制定には，自社の AI 利活用の目的や重視する価値，ユースケースを踏まえた想定される具体的リスクなど，事業戦略や技術戦略を踏まえた自社にフィットする指針を取りまとめることが肝要です。そのため，事業部門や研究開発部門・知財部門・情報セキュリティ部門などとの連携が重要です。また，ポリシーの内容が特定のリスクに偏るなど客観性を欠いた内容となることを回避するために，外部有識者やステークホルダーの意見を踏まえることも検討する必要があります。

Ⅱ AI ガバナンス体制構築・運用

既存のコンプライアンス体制の枠組みを活かした AI ガバナンス体制を設計

124　第1編／第1章　法務・コンプライアンス部門に必要な機能を備えるための取組み

する場合に，例えば，法務・コンプライアンス部門内に推進チーム・担当者を配置することも考えられます。もっとも，コンプライアンスリスクの関連論点は広汎に及ぶため，法務・コンプライアンス部門内に閉じた組織ではなく，各リスク主管部門間の連携が可能な開けた体制とすることが重要です。加えて，自社のビジネスの理解自体（AI利活用の方向性，関連技術，対象データの範囲・流通経路，社内外関係者等）が肝となるため，事業部門・研究開発部門との連携はここでも重要となります。

　AIビジネスにおいては，事業部門・研究開発部門で取り扱う技術的な事項について，当該事項に馴染みの薄い管理部門に平易に伝え，リスクマネジメントを進める必要があるため，事業部門内に橋渡しのできるメンバーを置くことも有益です。加えて，社内外の技術進歩や規制環境の変化が見られる中，自社だけで解決することが難しい問題の示唆を得ることや取組みの客観性を担保するために，社外有識者への相談や関連団体における議論といった社外連携も検討する必要があります。

　こうしたAIガバナンス体制を踏まえ，事業部門・AI倫理委員会（管理部門）・監査部門の協働による3線ディフェンスに基づく役割分担と機能連携によって，効果的なガバナンスを実現することが求められます。

(3)　チェックポイント（例）

| 贈収賄 | □腐敗認識指数，公務員との関与の仕方等を踏まえたリスクアセスメントが行われているか
□会社全体として，関連当局のガイドライン（FCPAリソースガイド等）において示されたコンプライアンスプログラムの項目を意識して体制整備が行われているか
□「ビジネスパートナー等に対する自社の方針の伝達・要請」「第三者と取引に入る場合の審査手続の整備」「違反発見時の対応の整理」等について，契約締結や経費等の支出等に関する具体的な手続・ルールを所管する関連部門と連携しながら体制を構築しているか
□契約書を審査するにあたって，贈収賄防止の観点で必要な条 |

	項等が盛り込まれているか，確認しているか（例：贈収賄禁止の確約書（表明保証条項），エージェント等に対する調査・監査権限条項等）
人権	□人権分野における法規制が拡大していることを視野に入れ，人権デュー・ディリジェンスへの積極的関与や契約条項の見直し等，必要な対応を行っているか □人権デュー・ディリジェンスにおいて，人への影響の深刻度，侵害の発生可能性，自社事業との関連性が考慮されているか □自社・グループ会社のみでなく，企業活動により影響を受けるステークホルダーを広く利用対象者としたグリーバンスメカニズムを設けているか □被害者の救済にあたって，ステークホルダーと十分にコミュニケーションをとった上で，原状回復等人権尊重のために効果の高い手段を選択しているか。グリーバンスメカニズムを構築する際に，内部通報制度の構築・運用経験に基づき，必要な提言等を行っているか
環境	□環境関連の情報開示フレームワークや各国・地域の開示関連規制の求める要件・観点に対応した開示となっているか，自社の開示内容のレビューができているか □情報開示・情報発信にあたっては，グリーンウォッシュ防止の観点から内容のレビューや必要に応じた証跡の確認ができているか □環境デュー・ディリジェンスの実施にあたっては，バリューチェーンにおける自社の環境コンプライアンスの状況を把握し，必要に応じて他部門に情報を共有しているか □環境デュー・ディリジェンスの結果を踏まえ，必要に応じて特定されたリスクへの対応プロセスを支援できているか
経済安全保障	□バリューチェーン／サプライチェーン上の経済安全保障リスク（脆弱性）を特定・評価しているか □リスクに応じたリスク管理やサプライチェーン施策を検討しているか □経済安全保障推進法などの関連法制の影響や義務を把握し，対応を進めているか □自社事業に関連しうる国際情勢・各国政策等の動向を収集・分析・利用する仕組みが確立されているか □部門横断で経済安全保障リスク対応を可能とする組織設計が

	なされているか（既存部門・委員会の役割の見直し，新設部門の設置など）
AI リスク	□各国・地域における AI 規制（生成 AI を含む）・関連法制・ガイダンスの動向・概況を把握できているか □自社製品・サービスにおける AI リスクを適切に把握できているか（例：自社の AI 関連技術の研究テーマ・サービス内容を把握し，リスクレベルを評価できている） □法務・コンプライアンス部門をはじめ各リスク主管部門が連携した AI ガバナンス体制を構築しているか（例：事業部門に AI リスクについて相談できる人員を配置している）

【コラム⑤】 KPMG コンプライアンスフレームワークの紹介

　グローバルにおけるコンプライアンスリスクを体系的に把握しようとする場合，米国の ECCP や FCPA，英国の UKBA が示す，コンプライアンス体制の有効性評価の視点を取り入れることは有効です。従来の日本企業における法務・コンプライアンス部門の役割は，法規制違反の「予防」に力点が置かれていました。しかし，すべての法規制違反を予防しようとする取組みは，現実的でないばかりか，過度で高コストな対策を要求する結果となっていました。「予防」に加え，コンプライアンスリスクの予兆を「発見」できる仕組みづくりや，コンプライアンスリスク発生時の迅速な「対応」の整備と合わせた，リスクベースの体制が要求されています。

　KPMG では，各種コンプライアンスガイダンスを踏まえ，「KPMG コンプライアンスフレームワーク」として，コンプライアンス体制整備に向けた論点を，主に予防・発見・対応の３つの観点から整理しています。こうしたフレームワークを参考に，自社におけるコンプライアンス体制の整備状況の評価やリスク概況を読み取ることも有効です。

【コラム⑥】 リスク管理に活用可能な IT ツール・サービス例

　企業が，急速かつ複雑に変化する現代のリスク環境を生き抜くために，法務・コンプライアンス部門による機動的な対応が一層求められています。一方，実務においては多くの手作業や作業の重複がみられ，業務の非効率化が生じているケースが見受けられます。昨今，こうした課題への解決・緩和に向け各種の IT ツールやサービスが提供されており，自社の状況を踏まえて活用を検討することも一案です。

　なお，有償のツール・サービスを導入する場合には，導入したのみで利活用が進まず不要なコストが発生することのないよう，事前に自社の課題や導入目的を明確化し，ツールによって必要な機能を補完できるのか十分に確認することが重要です。加えて，導入済みのツールとの連携可能性や重複有無，費用，自社の規模や業種との親和性，他部門との調整，対象国・地域，組織内の想定ユーザーの範囲といった観点でも検討を行うことが望ましいと考えられます。

【図表 1 － 4 ㉔】　想定される課題および利用可能な IT ツール・サービスの例

想定される課題の例	IT ツール・サービス例	概要
・リスク管理に関する情報が社内に散在 ・情報を手作業で管理しており，情報の分析や活用が不十分	GRC ツール	□リスク管理，コンプライアンス管理，インシデント管理，規制・ポリシー管理等の機能により，ガバナンス，リスク，コンプライアンスに関わる情報，対応状況の一元管理・分析を行う
・ESG 関連の法規制動向が急速に変化する中，国内外の法規制調査が困難	法規制情報提供サービス	□法規制の検索，関連する規制の変更が生じた際のアラート生成，規制動向の自動追跡等により，自社事業に関連する国内外の法規制の制定・改定状況に関する情報を提供
・自社で保有するデータに基づくリスク評価を行っており，外部機関の客観的評価データに基づく高リスク地域やサプライヤーの把握が不十分	リスク情報提供サービス，サプライヤー情報提供サービス	□提供機関による ESG に関する各種リスクの評価結果を，地域や品目の観点で可視化したデータを提供 □サービス提供会社の監査基準や質問表による評価に基づくサプライヤーのデータ・分析情報を提供
・取引先に関する情報が社内に散在 ・取引先から得た書面調査は手作業で集計しており，QCD の観点に加え ESG の観点を踏まえた取引先情報の効率的な管理が不十分	サプライヤー・ベンダー管理ツール	□サプライヤー評価プロセスのワークフロー管理，サプライヤー評価の集約，サプライヤーにおけるリスク発生状況のモニタリング，サプライヤーのスクリーニング等により，サプライヤー管理の一元化が可能
・さまざまなステークホルダーから多言語で苦情を受け付ける仕組みが必要だが，自社での仕組み構築はリソースやノウハウの観点から困難	ホットライン・レポーティングツール	□社内外のステークホルダーからの苦情・通報を受け付けるオンラインプラットフォームを提供 □受付にとどまらず，苦情・通報対応プロセスにおけるワークフロー管理，情報分析機能を提供するツールも見られる

【コラム⑦】 知的財産戦略・活動

　知的財産の分野においても，権利化・侵害予防に偏った従来からの知的財産活動を脱却する動きが加速しています。知財・無形資産の活用の観点から，知的財産・無形資産の活用を軸とした経営戦略・事業戦略を支える知財活動への深化を求める要請が，ステークホルダーを中心に強まっているのです。

　サステナビリティの浸透とともに，環境負荷が大きい既存技術は代替技術への段階的な置き換えが求められることが想定されます。サステナビリティを軸にした技術の転換は，既存技術において競争力を有する企業にとってリスクになる一方で，新規参入企業にはビジネスチャンスになります。そのため，サステナビリティ関連技術を他社に先駆けて特許化して独占し，または，オープン・クローズ戦略の下で，自社のコントロール下に置きつつ活用することは，持続的な市場優位性の形成にとって重要になります。他社が必要とする技術を先回りして特許取得するほか，サステナビリティ関連技術の確保・活用を目的とした積極的な出願方針や，戦略的な知的財産活動の重要性が高まっているのです。

　実際に，年金積立金管理運用独立行政法人（以下，GPIF）は，「GPIF ポートフォリオの気候変動リスク・機会分析」において，ポートフォリオに含まれる企業の特許をスコア化し，気候変動の技術的機会の分析・評価を行う取組みを行っています。ポートフォリオを形成する企業が，気候変動リスクを事業機会とする技術を保有しているかを把握することで，中長期的な投資の安定性を評価しようとしているとも読み取れます。

　サステナビリティ環境への変化に対応した，新しい知財活動のあるべき姿を追求することは，持続的な企業成長にとって不可欠となっています。「可視化」「ストーリー」「知財戦略」「体制・ガバナンス」「ステークホルダーコミュニケーション」の5つの視点から，サステナビリティに軸を置いた知財活用のあり方を検討することも一案です。

【図表1−4㉕】 知財活用に向けたフレームワーク

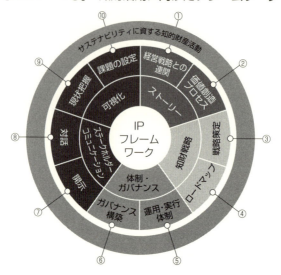

①	**経営戦略との連関** 中・長期的な経営戦略の実現に資する知財活動・知財投資	⑥	**ガバナンスの構築** 知財投資・活用，知財戦略・方針の監督体制
②	**価値創造プロセス** 知財による価値創造によって，サステナビリティ環境下での持続的な企業成長への貢献	⑦	**開示** ステークホルダー視点に立った，CG報告書，統合報告書等での開示
③	**戦略策定** 事業に貢献する知財の権利化・活用戦略	⑧	**対話** ステークホルダーとの双方向の対話による活動の高度化
④	**ロードマップ** 知財戦略を具体化・高度化する方針，変革プロセス	⑨	**現状把握** 自社の立ち位置をグループ・事業を横断的に把握
⑤	**運用・実行体制** 知財戦略に沿った知財活動の実行を行うための内部基盤構築	⑩	**課題の設定** 経営戦略・マテリアリティとの整合やギャップから課題設定

5 ルールメイキング

〈ルールメイキングとは〉

> ルール形成に積極的に関与していくことは，ビジネス戦略上，有用です。本項では，ルールメイキングの重要性や意義，制度等を活用する際のポイントについて解説します。

本項のポイント

1 既存ルールの解釈の明確化，自社製品に有利な結果をもたらすようなルール形成の促進，不意打ち的な規制の適用や強化を回避する観点から，主体的にルールメイキングに関与することの重要性が高まっています（→解説1(1)(2)）。
2 まず，自社事業に影響する規制の有無を確認し，既存ルールが障壁となっているか，規制が強化されようとしている場合，規制の枠内での事業を行うかという視点で，規制そのものの見直しを図るかを検討します。規制の見直しを促していく場合に，各種制度の活用が可能です（→解説2(1)(2)）。
3 実際にルールメイキングに向けて動いていくためには，自社だけでなく，業界団体，外部専門家等のさまざまなステークホルダーを巻き込んだ働きかけが欠かせません（→解説2(2)）。

散見される課題

1 ルールメイキングに対する社内での認識・理解不足

競争優位性を維持するために，自らルール形成に関与していくことは有用なものの，必ずしも十分に活用されていないのが現状です。事業を進める上で規制等のルールが障壁となった場合に，ルール自体の変更を促すという発想や選択肢を持っている企業はまだ多いとは言えません。

公的な制度の利用や業界団体を通じた意見具申など，自社としてどのような

対応をとりうるのか知っておくところから始めることが重要です。

2 外部ステークホルダーとのリレーション不足

外部ステークホルダーとのリレーションが不足しており，最新の規制動向をキャッチアップできていない，また自社だけではルール形成の場への関与ができない等の課題が散見されます。

外部法律事務所や業界団体等と普段から関係性を構築しておき，ルール形成に関する情報収集を日頃から進めておくことが重要となります。

解　説

1 ルールメイキングとは

(1) ルールメイキングの概要

近年，環境規制やデータ保護規制など，さまざまな領域で国際的なルール形成の動向が重要性を増しています。また，IoT や AI，ブロックチェーンなどの新しい技術によるイノベーションへの期待が高まる一方で，これらの新しい技術を必ずしも想定していない現行の法規制等が障壁となる場面も少なくありません。このような状況下で企業としては，ルールの解釈を広げたり，ルール変更や解釈の明確化を目的に各種制度を利用したり，ルールそのものを変えるために主体的に働きかけていく場面が増えていくことが予想されます。

本項では，主にハードロー，ソフトローを問わず，ルールそのものをつくり，変えるために働きかけていく動きとしての「ルールメイキング」に焦点を当てています。典型例として，法令・ガイドライン等の制定・改正に関与することが考えられますが，民間事業者が策定・形成する自主規制や標準ルールといったものの重要性が増しており，ルールメイキングの視点として欠かすことのできないものとなっています。実際に，新規事業を行う中で自社の製品・サービスの法令適合性を担保するために，政府の新事業創出のための制度（後述：「新事業特例制度」など）を活用しながら，事業の障壁となる法規制の見直し

を促し，官民で議論を重ね，法改正につなげた例も見られます。

(2) ルールメイキングの重要性と意義

実際には，ルールそのものに対し働きかけることは多大な時間やコストがかかるため，実務上は規制に反しない範囲で事業を進めていく場合も少なくありません。

他方，ルールメイキングに取り組むことで規制によるリスクをヘッジできる，自社に有利な状況でビジネスを進められる等のメリットもあります。(2)では，不意打ち的な規制の適用や強化を回避する，自社の製品・サービスに有利な結果をもたらすようなルール形成を促進するといった観点から，ルールメイキングの意義と重要性について解説します。

① 新たな規制に対するリスクヘッジ

ルールメイキングを行う意義として，法規制によるリスクから事業を守ることが考えられます。規制環境が目まぐるしく変わる昨今では，自社の事業に対し後追いで規制が制定され，それまで行ってきた投資や事業活動に影響を与えることも起こりえます。例えば，EU は，脱炭素に向けた取組みの1つである「EU タクソノミー」の中で，CO_2を排出するハイブリッド車は持続可能ではないとみなしたことで，日本の自動車メーカーが得意としてきたハイブリッド車への投資や事業活動に大きな影響が生じました。ルール上の包囲網が敷かれたことで，「多くの日本メーカーは EV へのシフトを余儀なくされた」という見方も少なくありません。

特に，新しい技術やビジネスモデルが登場した場合，法整備が後追いで進められることがあります。例えば，仮想通貨（現・暗号資産）の流通が開始した当初はただちに法規制が設けられませんでしたが，後に世界的に広く流通しマネーロンダリングへの懸念の高まりを背景に，規制整備が各国に求められました。仮想通貨の例では，事業者側も関係当局と議論を重ね法規制の整備に積極的に関与しており，規制の制定に先んじてリスクをヘッジするために対応を

行った例と言えます。

② 自社の競争優位につながるルール形成

　自社にとって有利なルールを策定して競争優位性につなげることができる場合もあり，ルールメイキングは企業戦略上も重要となっています。特に新規性の高いビジネスを行う際は，ルールづくりに関与することで新しい市場環境の創出につながり，先行者利益を得るとともに迅速な事業化を行うことができます。

　例えば，自社サービスに関わるルールのあり方を議論する「検討会」や「勉強会」に参加する等，積極的にルールメイキングに関与し業界のパイオニアとして確たる地位を築いた例もあります。

(3) ルールメイキングの国際的な動向

　欧米では，かねてよりルールメイキングの重要性が強く認識され，民間事業者によるルールメイキング活動が活発に行われてきました。ビジネスと人権をめぐるルール策定を主導するなど，欧米でつくられた枠組みが新興国をはじめ世界に波及した例は枚挙にいとまがありません。

　近年では経済安全保障に関する取組みも欧米諸国は力を入れており，特に米国は半導体をはじめとする国内外の取引規制において，自国で制定したルールを，日本を含む同盟国や友好国に同調するよう求めています。

　また，欧米では，産業界と自国政府の幹部同士の間にホットラインが存在し，外国の規制対応で問題が生じれば，政府や業界団体側に働きかけを行うケースも珍しくありません。産業界からの働きかけを受けた政府は，企業の言い分を代弁して相手国政府へ外交的なメッセージを伝えるなど，欧米企業では自国の政府を使い交渉を有利に進めることもよく行われています。

　日本では決められたルールには従うものという発想が強く，ルールをつくっていくという発想がまだ根付いていないと言えますが，グローバルにビジネスを展開する上で日本も欧米の後追いではいられなくなっていると言えます。

2　ルールメイキングの実行に向けた実務対応

　2では，ルールメイキングの実務対応について「規制調査・確認」と「ルールの整備・見直しに向けた対応」の2ステップで解説します。

　まず，自社事業に影響する法規制の調査や該当性の確認を行い，「規制等が事業への障害となっている場合」「規制が強められようとしている場合」「ルールそのものがない場合」等に対応方針を検討し，必要に応じてルールの整備やルールの見直しに向けて働きかけていくこととなります。

(1)　規制の調査・確認

　まず，法規制の調査においては，事業者が新規サービスを検討する場合のほか，規制が強化される場面において，事業部側から対応方法のアドバイスを求められて行うケース等が想定されます。曖昧な点を放置したまま事業を始め，その後に規制違反が発覚した場合のリスクは計りしれません。そのため，規制該当性について確認をした上で事業を進めることは，規制リスクを回避する上で重要なステップの1つと言えます。

　以下，企業が規制の調査・確認を行う上で有用と考えられる主な手段を紹介します。

①　所管官庁や規制当局への問い合わせ・相談

　企業が新たに事業を始める場合等に，所管官庁や規制当局に問い合わせをして，事業に関連する規制情報を得ることができます。

　当局への問い合わせは，電話や訪問等の手段があります。事業者が行う電話による問い合わせでは，どのようなものが規制に該当するのかという，あくまで一般論の質問であれば回答を得ることが可能です。必要に応じて，弁護士から当局に電話をして情報収集してもらう手法も検討ポイントの1つです。

　他方，個別の事案の詳細を伝えて，規制の解釈について情報を得たい場合には，当局の担当官を訪問して相談することが望ましいと言えます。個別の往訪

が困難な場合には，オンライン面談に対応可能かどうか問い合わせてみるとよいでしょう。なお，行政当局は事業に影響を及ぼす個別の助言を行うことができないため，あくまで一般的な規制の解釈を尋ねることができるにとどまります。

　既存のルール自体に曖昧な点があるために事業者が事業活動を自粛してしまうような事態が生じないよう，事業者に予測可能性を与えるための諸制度が設けられています。②ではこうした諸制度のうち，「ノーアクションレター制度（行政機関による法令適用事前確認手続）」「グレーゾーン解消制度」について，制度活用に向けた実務上の要点を解説します。

②　照会制度の活用

Ⅰ　ノーアクションレター制度（法令適用事前確認手続）

　「ノーアクションレター制度」は，民間事業者が新規事業や取引を行おうとする際，その行為が法令に抵触するか否かが不明確な場合に，法令適用の可能性を事前に確認することができる制度です。ノーアクションレター制度での照会および回答内容は公表されることから，制度の利用者以外の者にとっても有益な情報が事前に得られることとなります。

　制度を利用するにあたっては，利用を検討する事業者は事前に対象法令を確認しておく必要があります。当該行政機関が所管するすべての法令が対象となっているわけではない点が特徴です。

　手続については，省庁ごとに定められているため，所管する行政機関（規制所管官庁）に対して確認を行います。手続の大まかな流れとしては，計画している新しい事業や取引の具体的内容，適用対象となるかどうか確認したい法令等について記載した照会書を行政機関（規制所管官庁）に提出します。行政機関側は，原則として，照会書を受領してから30日以内に見解および根拠を明示した書面により回答を行い，回答を行ってから30日以内に照会内容，回答内容を行政機関のウェブサイト上で公表することとされています。

Ⅱ　グレーゾーン解消制度の活用

　「グレーゾーン解消制度」は，2014年に産業競争力強化法改正により創設された，事業に対する規制の適用の有無を民間事業者が照会することのできる制度です。ノーアクションレター制度との違いは，照会の対象となる法令の規定に限定がないことに加え，その解釈も照会の対象とされている点が挙げられます。

　実務上の留意点としては，ノーアクションレター制度とは異なり，照会先が主務大臣（事業所管大臣と規制所管大臣）とされている点です。ただし，照会先が不明な場合には経済産業省に問い合わせることが推奨されており，照会先の実績としても，経済産業省が照会先の役割を事実上担っています。

　照会を受けた事業所管省庁は，申請書案の記載内容について改善点の提案を実施するとともに，規制所管官庁と事前相談を実施した上で，規制所管官庁から照会者に対して，その回答内容を通知することとされています。回答は原則１カ月以内とされており，グレーゾーン解消制度では，回答に理由を付すことを義務づけている点が制度的に担保されています。

(2)　ルールの見直し・整備に向けた検討

　調査・確認の結果，規制等による事業への影響が存在した場合は，次に規制等への見直しを働きかけることを検討します。実際はコストメリットの観点から，ルールを変えるのではなくルールに従ってビジネスを推進することが合理的であることも多いと思われますが，ルールメイキングによりビジネスを拡大させる可能性も視野に入れ検討を行うことが望ましいと言えます。

①　法令等の公的な規制等への対応

Ⅰ　官民関係者が集う審議会等への提言・政府に対する働きかけ

　まず，法規制検討の動きに対して，事業者らが働きかけを行い，軌道修正を図る形での関与が考えられます。実際に，当局の審議会において特定のビジネススキームに対し規制強化が図られる可能性が示されたことを受け，事業者ら

が政府に働きかけを行い方向修正がなされた例もあります。

　規制所管官庁の会議体において自社ビジネスと関係のある事項が議論されているか，さらには法改正に向けた報告書案の記載内容にも，常にアンテナを張り情報収集を行うことで，このような働きかけが可能となります。

　また，内閣府に置かれる「規制改革推進会議」にアクセスすることもその選択肢の1つです。規制改革推進会議に提案を取り上げてもらうため，内閣府の運営する公式の窓口である「規制改革・行政改革ホットライン」へアクセスすることも考えられます。

Ⅱ　パブリックコメント手続の活用

　政令・府省令および行政規則の一部（命令等）については，法律上，制定前に，広く一般国民の意見を聴取する意見公募手続（パブリックコメント）を経る必要があります。パブリックコメントは，制定前に命令等の案を知り，行政機関に対して意見を述べる，解釈上の疑義をあらかじめ解消する等，法令の制定・改廃に関与するための重要な手続です。

　結果として意見提出が命令等の修正に至らない場合であっても，公示された結果・理由を通して行政の解釈や運用指針が明確化されるというメリットもあります。そのため，パブリックコメントの実際上の大きな意義は，命令等に対する行政機関の法令解釈やスタンスを知る点にあるとも言えます。

Ⅲ　特例制度の活用

ⅰ　新事業特例制度の活用

　新規事業を行うにあたり規制が障壁となる場合は「新規事業特例制度」を活用することが考えられます。同制度は新規事業を行おうとする事業者がボトルネックとなる規制の特例措置を要望し，安全性の確保等を条件に，具体的な事業計画に即して事業の実施が認められるものです。創設された特例措置の実績をみると，道路交通法など一部の関係法令にとどまっています。

　事業開始までの手続としては，「特例措置の創設」と「新事業活動計画の認

定」の2つのステップがあります。まず，事業者が事業所管大臣に対し，規制の特例措置を要望し，事業所管大臣が規制所管大臣との折衝を経て，規制の特例措置が創設されます。要望から原則1カ月以内に創設の可否が回答されます。

　その後に事業者が，新事業活動計画を策定して事業所管大臣に申請し，規制所管大臣の同意を得た上で同計画が認定されることとなります。したがって，事業者は新事業活動計画の認定を受けることで特例措置の適用を受けることができるとされています。特例措置の創設から計画認定までは，ばらつきがありますが，概ね数カ月から1年以内となっています。

　特例措置の創設と新事業活動計画の認定においては安全性の確保が重要視されており，実証を目的とする後述の「規制のサンドボックス制度」より相対的にハードルが高いと言われています。規制のサンドボックス制度の実証により安全性を確認し，その成果をもって新事業特例制度の申請につなげることも可能とされています。

ii　規制のサンドボックス制度の活用

「規制のサンドボックス制度」（法令上の名称は「新技術等実証制度」）は，期間や参加者を限定し，新しい技術・ビジネスモデルの実証を行う制度です。これまで，モビリティ，フィンテック，ヘルスケアなどの分野で実証認定がなされてきました。

　事業者が主務大臣に実証計画を申請して認定されれば実証を行うことができ，実証結果をもって規制の見直し等の検討が行われます。実証計画の策定にあたっては，既存の法規制に抵触しないよう計画を策定しなければならない点に注意が必要です。

　また，同制度の留意点として，結果を得るまでの期間の長さや，実際に事業展開できるまでの不透明さが指摘されています。また，申請までの関係省庁との事前相談期間により正式な申請までに1年近く要する可能性があるほか，実証実験後に規制の見直しがなされてはじめて事業展開が可能になるなど，実証実験の認定が得られたとしても事業が展開できるとは限らない点が挙げられま

す。

　同制度は，事業者が規制改革を直接的に働きかけることが可能であることから，利用価値の高い制度と言えます。また，事業者としては，すでに認定された事例において，実証実験後に規制の見直しが行われたかどうかについてもモニタリングしていくことが有用です。

②　民間事業者による規制

　ルールメイキングの観点からは，企業は事業者団体や同業他社と連携し，自主規制ルールを策定・変更していくアプローチも期待されます。特に，公的な規制の適用が検討される等，規制整備の必要性が高まっている場合や業界横断的な取組みが必要な場合において，有効と考えられます。

　規制の実施に業界全体として取り組むことで，業界全体に対する波及効果を高めるほか，自主規制ルール自体に一定の独立性を持たせることが期待されます。また，同業他社間の意見を集約し，業界基準等の策定を進めながら，必要に応じて政府とコミュニケーションを取り課題の共有をしておくなど，不意打ちや過剰な法規制を防ぐことにもつながります。

　事業者団体が，共通のガイドライン等に違反した所属企業に対してペナルティを科すほか，企業が商品やサービスの提供にあたって，利用者に対して一定のルールを定めて執行するケース等が想定されます。

③　外部ステークホルダーとの連携

　ルール形成に向けて動いていくためには，自社だけでなくさまざまなステークホルダーを巻き込んだ働きかけが欠かせません。自社だけではルールを変えることができなくとも，業界団体を通じて行政に働きかけることで規制改革に参画した例もあります。規制情報を適切に把握するため日々外部にアンテナを張っておき情報収集を進めるとともに，ルールメイキングに向けた日頃からの関係構築が重要となります。

【図表1−5①】 ルールメイキングにおける外部ステークホルダーとの連携イメージ

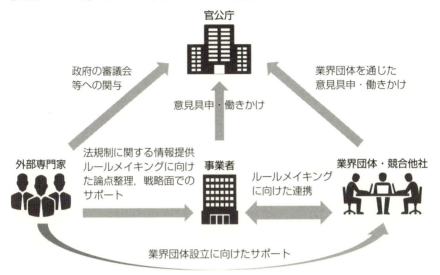

Ⅰ 官公庁や議員

ルールメイキングの観点から，官公庁関係者や議員等と円滑なコミュニケーションを取れる関係性を構築しておくことが望ましい上，そのノウハウを担当部門内で蓄積・共有しておくことも必要でしょう。

日本では国会議員や地方議員が自ら法案を提出して立法プロセスに入ることは稀であり，行政が提出した法案を議会が承認するケースが一般的です。そのため，官庁や自治体に働きかけ，ルールメイキングに関与することが主流となりますが，一般企業の要請だけで法制化が進むことは通常は考えられないため，国会議員や地方議員から働きかけてもらうことも手法の1つとして考えられます。

Ⅱ 外部専門家

法律事務所も，所属弁護士が政府の審議会やその他の会議のメンバーになるなどしてルールメイキングに関与しています。事業者が官公庁等に働きかけを

行おうとする際に法的論点を整理して戦略を描いたり，事業者団体の設立や運営を支援したりするなど，弁護士が事業者からの相談を受けてルールメイキングのサポートを行うケースも増えています。事業者が事業を行う際には，法解釈の明確化やサービスの適法性の確認等を図っていく必要がある中で，法的課題を分析して適切なアプローチを提示していくことが弁護士に求められています。新しい技術やビジネスモデルが次々と登場し，法整備の遅れやグレーゾーンが拡大している現在において，事業者にとってはルールメイキングにおける重要パートナーとも言える法律事務所とのリレーション構築がますます重要となっています。

Ⅲ　業界団体

　主として業界ごとに形成される事業者団体も，ルールメイキングにおけるアクターとして重要な役割を担ってきました。業界の意見を集約し，政府への働きかけを行うことで影響力を発揮してきたほか，事業者団体によっては，組織的な選挙支援によって政治家とのパイプを構築してきたケースも見受けられます。事業者団体の機能の１つに自主規制ルールの策定がありますが，こういった業界内で足並みを揃えた自主規制実施や団体を通じた政治家とのパイプ構築なども，ルールメイキングのアプローチとして有効な手法です。

チェックポイント・

ルールに関する 情報の収集	□自社事業に影響する法規制等のルールに関する情報を収集できているか
ルールの整備・ 見直しに係る検討	□自社の事業が規制による影響を受ける場合，規制見直しへの働きかけを選択肢に含めて方針を検討しているか □ルールメイキングにおいて活用できる制度やとりうる手段を把握しているか
外部ステークホルダーとの連携	□法整備動向の把握やルールメイキングに関与するため，政府関係者，外部専門家，業界団体等との関係性を構築できているか

第 **2** 章

法務・コンプライアンス部門
改革に向けたステップ

1 改革に向けた計画と実行

〈法務・コンプライアンス部門が抱えている課題〉

経営リスクの多様化・複雑化に伴い，経営層は，法務・コンプライアンス部門に，経営戦略とそのリスクへのプロアクティブな関与を期待しています。しかし，これまで法的アドバイスの提供など，受動的な業務が中心であった法務・コンプライアンス部門が，プロアクティブな組織に変革するまでのハードルは優しいものではありません。そこで，段階的な組織の高度化を図ることが重要になります。

本項では，最終的な目標であるプロアクティブな組織への変革に向けて，足元で必要となる段階的な組織の高度化の取組みについて，ギャップ分析による課題整理と計画化の観点から解説します。

本項のポイント

1　法務・コンプライアンス部門の高度化にあたっては，①現状分析，②あるべき姿の設定，③施策の立案，④施策の実行の4つのステップで進めます（→解説箇所：1(1)）。

144 第1編／第2章 法務・コンプライアンス部門改革に向けたステップ

2 現状分析は，ターゲット・オペレーティング・モデル（TOM）などのフレームワークを活用することで，網羅性を担保するとともに真因分析を行います（→解説箇所：2）。

3 あるべき姿の設定にあたっては，経営方針や企業を取り巻く環境の変化への適応を考慮した上で，経営に資する法務・コンプライアンス部門の組織のあり方を定義します（→解説箇所：3）。

4 施策の立案にあたっては，現状分析結果とあるべき姿とのギャップを踏まえ，当該ギャップの解決の打ち手となる施策を洗い出します。施策は，優先順位づけし，ロードマップに落とし込むことで計画化します（→解説箇所：4）。

5 施策の実行に際しては，各施策の連携を適切にコントロールすべくプロジェクトの全体を統括する組織（プロジェクト・マネジメント・オフィス（PMO））を設置することも有効です（→解説箇所：5）。

散見される課題

1 組織の現状分析が不十分

　法務・コンプライアンス部門の高度化の第一歩として，組織の現状分析が重要です。自部署の現状分析が不十分なまま，表面的な施策に時間を費やすことで，結果として本質的な組織課題の解決から遠ざかるという事例が散見されます。

　例えば，組織の現状分析を十分に行わないまま，リソースの補充のために法務人材の採用を行うことが挙げられます。本来であれば，業界・業務の特殊性や専門性を踏まえ，まず既存部員の人材スキルマップを整理し，必要な人材を定義することが望まれます。こうすることで，採用以外の手段である，外部リソースの活用や社内登用との比較検討が容易になり，自部署にとって最適な手段を選択しやすくなるからです。しかし，実際には，組織の最適化を十分意識しないまま，場当たり的に人材募集が行われるケースも多く見られます。

　自社課題の正確な把握による，最適な解決手段を見つけ出す重要なステップとして，丁寧な現状把握は不可欠です。

1　改革に向けた計画と実行　145

2　経営視点を欠いた「あるべき姿」

　法務・コンプライアンス部門が掲げる「ありたい姿」と，経営層が法務・コンプライアンス部門に求める「あるべき姿」に乖離がある事例が散見されます。リスクの未然予防を重視し，スピード感よりも手堅い法的評価を重視する法務・コンプライアンス部門と，戦略的なリスクテイクによる早期のビジネスチャンスの拡大を重視する経営層・事業部門との認識のずれなどは典型例と言えます。

　法務・コンプライアンス部門は，「法務機能」を担う組織として，会社の経営方針に沿った機能発揮・機能強化が求められます。経営方針に寄り添い，リスク予防だけでなく，リスクの早期発見・早期対処によるリスク受容とのバランスを取ることでビジネスの推進に貢献するということも求められるのです。

3　優先度を無視した施策の実行

　組織の改革に向けた施策は行っているが，期待していたほどの効果が見えないといった事例が散見されます。こうしたケースには，本来優先すべき効果的な施策が後回しにされている，打ち手となる各施策が統一感なく実施され非効率になっていることに原因があるケースも見られます。法務・コンプライアンス部門のあるべき姿と現状とのギャップを埋めるために，最も効果的な施策の洗出しを行い，優先順位をつけて行うことが重要です。

4　不十分な施策管理

　法務・コンプライアンス部門の高度化に向けた施策が，当初の計画どおりに進捗しない事例や所期の効果が得られない事例も散見されます。特に，複数の施策が同時並行で推進される場合に，施策の進捗にばらつきが生じ，全体進捗が見えづらくなるケースがしばしばあります。複数の施策が並行するプロジェクトにおいては，全体管理を担う組織・責任者を置くことが推奨されます。

146　第1編／第2章　法務・コンプライアンス部門改革に向けたステップ

解　説 ●───────────────────────────●

【図表2－1①】　法務・コンプライアンス部門の高度化に向けた4ステップ

	STEP 01 現状分析	STEP 02 あるべき姿の設定	STEP 03 施策の立案	STEP 04 施策の実行／見直し
実施事項	① 現状を把握 ② 現状の課題を抽出	① 経営方針との整合 ② 組織目標（あるべき姿）を設定	① 施策の洗出しと優先順位づけ ② 施策の関連性整理 ③ 施策実行のロードマップ策定	① PMOの設置検討 ② スケジュールや施策の見直し
ポイント	現状分析の「スコープ」と「深掘り」を意識する	トップダウンとボトムアップを使い分け，部門構成員の当事者意識の喚起に留意する	重要性や緊急性に基づいて優先順位を判断し，ロードマップ化する	経営方針や予算／リソースに変更があった場合には各種施策の見直しを実施する

1　前提事項

(1)　4ステップによる高度化

　組織の高度化は，「現状分析」「あるべき姿の設定」「施策の立案」「施策の実行／見直し」の4つのステップで取り組むことが一般的です。法務・コンプライアンス部門の高度化にも，この4つのステップを当てはめて，現状とあるべき姿のギャップを踏まえた，具体的な取組み方を解説します。

(2)　法務機能の視点

　すべてのステップにおいて共通して考慮すべき事項として，法務・コンプライアンス部門が果たすべき法務機能の観点が挙げられます。すなわち，どういった機能を法務機能と呼び，どういった機能を備えた組織が，企業における法務・コンプライアンス部門と言えるのかという視点です。

　この点については，経済産業省が2019年に公表した「国際競争力強化に向けた日本企業の法務機能の在り方研究会報告書～令和時代に必要な法務機能・法務人材とは～」が参考になります。詳述は避けますが，同報告書は，法務機能を「守り（ガーディアン機能）」と「攻め（パートナー機能）」に分類・整理し，

さらに後者を「ナビゲーション機能」と「クリエーション機能」に分解して検討しています。

同報告書で言及されているとおり，伝統的に，企業における法務機能は「守り（ガーディアン機能）」が重視されてきました。しかし，企業を取り巻くビジネス環境が複雑化する中，「攻め（パートナー機能）」による貢献も期待されています。したがって，法務機能とは，「守り（ガーディアン機能）」と「攻め（パートナー機能）」の両軸を指し，その両方をバランスよく備えた組織が，本項において目指す，高度化された法務・コンプライアンス部門であると定義します。

2　現状分析（現状把握と課題の抽出）

前述までのとおり，法務・コンプライアンス部門の高度化に向けては，現状分析（現状の把握と課題の抽出）が不可欠です。また，その後の適切な施策につなげるためにも，現状分析の精度は高いものが求められます。そこで，丁寧な現状分析に向けて，「スコープの拡大」と「深掘り」の2つの視点から，現状分析について詳述します。

(1)　スコープの拡大

ここでは，TOM に基づく現状分析について解説するとともに，現状分析の対象を幅広に捉える「スコープの拡大」について解説します。

前章では，リーガルテック導入を一例として，法務機能を「戦略」「体制」「プロセス」「人材」「外部リソース」「情報・IT」の6つの要素に分解し分析を行う，TOM とその活用方法を解説しました（45頁参照）。前章の命題は「法務・コンプライアンス部門の高度化に資するリーガルテックの活用」でしたが，この命題を「法務・コンプライアンス部門の高度化に必要な施策は何か」に置き換えることで，法務・コンプライアンス部門の高度化に向けた施策立案のための現状分析のあり方を整理することができます。

【図表2-1②】は，事業へのプロアクティブな支援を目指すにあたって法

148　第1編／第2章　法務・コンプライアンス部門改革に向けたステップ

務・コンプライアンス部門の現状分析を TOM に基づいて整理した一例です。

【図表2－1②】　現状分析における TOM の活用イメージ

戦略（目標）の設定	各法務機能につき現状把握・課題抽出		課題解決の方策検討
企業ミッション ビジネスの方向性 組織規模・体制 等	**体制** サポートするチームがない	**人材** 専門性や経験を持つメンバーがいない	サポートチームの組成
			知見を集積できるプロセスの構築
戦略 プロアクティブな法務・コンプライアンス支援の実現	**プロセス** 法的知見を集積できる仕組みがない	**外部リソース** 知見を持つ外部弁護士との関係構築ができていない	既存メンバーの育成／経験者の採用／他部署との連携
			外部弁護士の開拓，評価
	情報収集やナレッジマネジメントのツールがない		ナレッジマネジメントツールの導入
	情報・IT		

　「戦略」の設定方法については，後述3　あるべき姿の設定で詳しく解説します。

　「体制」については，事業におけるさまざまな活動を法務・コンプライアンスの観点からサポートするチームの有無の把握が重要です。例えば，最新のテクノロジーの利活用に関する法務・コンプライアンスリスクに対応する場合，それらのテクノロジーに詳しい研究・開発部門との連携は不可欠です。部署横断的な連携の可能性について確認・検証を行い，そうした横断機能が不十分な場合には，新たなチームの組成を含めた対応を検討する必要があります。

　「プロセス」については，事業に関わる法的知見の集積プロセスの有無の把握が考えられます。専門性の高い，法務・コンプライアンス業務に係るナレッジマネジメントの仕組みなどがこれにあたります。

　「人材」については，事業に特有の法務・コンプライアンス関連業務の経験があるメンバーの有無の把握が考えられます。法務・コンプライアンス部門の戦略・方針や業務内容を踏まえ，必要な人材・スキルをマップ化し可視化したうえで，法務人材の育成・採用が検討される必要があります。

　「外部リソース」については，事業に特有の法務・コンプライアンスに関連

する事項についての知見を有する弁護士との関係性の有無の把握が考えられます。弁護士の開拓にあたっては，自社の期待値を踏まえた評価シート等を用いて客観的に比較評価できているか等，適切に外部リソースをコントロールできる仕組みを有しているかも重要な視点になります。

「情報・IT」については，事業に関する法令情報の収集ツールやナレッジマネジメントツールの有無の把握が挙げられます。限られたリソースの中で，法務機能を最大化するためにも，システム・ツールの活用は不可欠です。ツール導入後のツール間の連携をスムーズにするために，全社DX戦略との足並みを揃え進捗させることも肝要です。

このように法務機能の6要素に沿って現状把握を進めていくと，リソースの確保については，「人材」で挙げた「既存のメンバーの育成や経験者の採用」と，「外部リソース」で挙げた「（事業に）知見を有する弁護士の開拓」という複数の選択肢を可視化できます。また，「プロセス」と「情報・IT」には，それぞれに「ナレッジマネジメント」というキーワードが登場します。「プロセス」×「情報・IT」によるナレッジマネジメントの高度化・効率化の可能性が見えてきます。

目的を達成するための複数の手段を可視化することで，それぞれの手段の実現可能性や費用対効果を検証でき，説得的な打ち手につながります。このように現状分析の段階では「スコープ」を限定せず，さまざまな可能性を踏まえた洗出しがポイントになります。

「体制」と「人材」については，開発部門や事業部門との連携という課題も整理できます。他部署の所管にまたがる領域は，責任関係が曖昧であり，対応が後回しになりがちです。しかし，ここでも，「自部門の守備範囲ではない」とスコープを限定しないことがとても重要です。法務・コンプライアンス部門の高度化の目的である，法務機能の最大化に向けて，法務・コンプライアンス部門のリーダーシップを発揮すべく，取組み対象を幅広に捉えることが求められます。

150 第1編／第2章 法務・コンプライアンス部門改革に向けたステップ

(2) 現状の深掘り―真因分析

　次に，現状の深掘りにあたって，真因分析を試みます。先の「体制」の事例を引用すると，「なぜ，これまで既存のチームにタスクを追加分配しなかったのか／追加配分することができるのか？」や「なぜ，これまで新たにメンバーを選定して対応チームを設けなかったのか／設けることができるのか？」という点を掘り下げて考えます。そうすると，「既存の人員が業務過多の状況にあるので，新たなタスクの分配が難しかった／難しい」や「新たにチームを設けること自体が難しかった／難しい」といった問題点が浮かび上がります。さらに，「なぜ，業務過多の状況に陥っているのか？」と深掘りすると，「タスク割当てやタスク処理のスケジュールが最適化されておらず，業務負荷の平準化やリソース配分の最適化がなされていない」という問題を浮かび上がらせることができます。同様に，「なぜ，新たにチームを設けることが難しいのか？」と深掘りすると，「新しいチームで取り組むこととなる課題は，技術的な事項の検討がメインとなるため，開発部門と部門横断的なチームを構築しなければ，満足のいく効果が得られない」という課題が浮かび上がります。

　このようにして，「なぜ現状はこうなっているのか？」や「現状を変更する上での課題は何か？」という点を深掘りすることで，法務・コンプライアンス部門の高度化に向けた各種施策の阻害要因を見極めることが可能となります。阻害要因の中には，他部門を巻き込んでの対応が求められるものもあることでしょう。それらを認識しておくことは，各種施策の実現可能性や推進上の留意点の把握，優先順位づけに際しても役立ちます。

　なお，上記の例では，現状（「事業をサポートするチームがない」）に対する対応案（「既存のチームにタスクを追加分配する」・「新たにメンバーを選定して対応チームを設置する」）を仮で設定し，当該対応策を起点に真因分析を行っています。ゼロから新しく施策の構想を進める場面では，そもそも問題自体が存在していません（これまで事業をサポートするチームの設置を構想しなかったこと自体を掘り下げても得るものがない）ので，対応策を仮置きしてから「この対応案を実行する上での問題や課題は何か？」という点を掘り下げた

ほうが，真因分析をスムーズに進めることができます。

3　あるべき姿の設定

　法務・コンプライアンス部門の高度化のための「あるべき姿」は，会社の経営方針に沿ったものである必要性があります。この「あるべき姿」の設定にあたっては，トップダウン・アプローチとボトムアップ・アプローチの２通りが考えられ，いずれもメリットとデメリットの両面があります。自社の状況に合わせた使い分けが大切です。

(1)　経営方針と部門方針のベクトルを合わせる

　法務・コンプライアンス部門は，企業活動を行うにあたって「法務機能」を担う組織として，会社の経営方針に沿った機能発揮・機能強化が求められます。そのため，法務・コンプライアンス部門の「あるべき姿」は，会社の経営方針とベクトルが揃っている必要があります。例えば，自社の経営方針において，自動運転技術の開発が経営戦略上の重要事業に掲げられているのであれば，その実行・推進を法務・コンプライアンスの観点から支援するために，道路交通法関連法令や諸外国の関連法令・事例の深い理解や，関連技術の保護，自動運転の実現に向けた法制面のロビイング機能の具備を考えなければなりません。

　経営戦略ならびに経営課題を把握・理解した上で，取組み課題の解消ないしは軽減に必要となる法務機能を定義し，「あるべき姿」を方向づけることが重要です。

(2)　あるべき姿の設定方法

　あるべき姿の設定は，法務・コンプライアンス部門の部門長が策定を主導する方法（トップダウン・アプローチ）と，法務・コンプライアンス部門の部員から意見を募って，それを組織目標として組み立てていく方法（ボトムアップ・アプローチ）に大別されます。

　いずれのアプローチによっても，①組織目標を経営方針と一致させ，②当該

組織目標の実現手段を構想し，③組織目標を推進していくという流れとなりますので，以下では，この３つの観点からそれぞれの特色を簡単に整理します。

まず，①組織目標と経営方針の一致という観点では，部門長は他の部員に比べて経営方針についての情報を得やすいこともあり，トップダウン・アプローチのほうが優れている可能性があります。他方，トップダウンの手法は，現場の部員への浸透に難航するケースが見られ，部員への経営方針の共有など，認識レベルの擦り合わせなどの工夫が求められます。

次に，②組織目標の実現手段の構想という観点からは，例えば，大がかりな組織変更を行いたい場面などには，経営資源を把握している部門長レベルによるトップダウン・アプローチのほうが適切な方針を出しやすい傾向があります。

最後に，③組織目標の実現に向けた推進力という観点からは，ボトムアップ・アプローチのほうが機能するケースがよく見られます。組織目標の設定に当事者として関与し，自らの意見が反映されているケースでは，組織目標に対する当事者意識が高まり，部員のプロアクティブな行動が期待されるからです。

【図表２−１③】 トップダウン・ボトムアップの各アプローチの特徴および注意点

比較対象の観点	トップダウン・アプローチ		ボトムアップ・アプローチ	
	メリット	デメリット	メリット	デメリット
組織目標と経営方針の一致	経営ビジョンの反映が容易	現場の状況が反映されづらい	組織目標の実現可能性が高い	多用な意見の集約・調整が必要
組織目標の実現手段の構想	大がかりな組織変革を構想しやすい	部員への浸透に時間がかかる	現状の業務プロセスを踏まえた実現性の高い手段	現状維持を前提とした議論が起きやすい傾向
組織目標の実現に向けた推進力	組織として，一貫した活動に導きやすい	組織目標や施策意義を部員に理解されることが必要	部員の当事者意識が生じ，エンゲージメントが高まる傾向	部門としての活動になるよう全体統括が必要

いずれのアプローチにもメリット・デメリットが見られ，それぞれの手段の特色と注意点に留意しつつ，両者をうまく使い分けることが大切です。例えば，組織目標の大枠はトップダウン・アプローチで策定し，その具体化については，ボトムアップ・アプローチで部員からの意見を反映するといった方法などが考えられます。

4　施策立案

法務・コンプライアンス部門の高度化に向けた施策立案は，あるべき姿と現状の間にあるギャップを埋める方策となります。このギャップを埋める方策は，現状分析のステップで抽出された課題を解決する手段に他なりません。

前述のとおり，あるべき姿と現状の間にあるギャップを埋める方策は，1つとは限りません。例えば，「新サービスに関連する各種規制の把握を行うことができる体制」の構築を目指す場合において，これを実現する「人材」の確保は，部員の育成，新サービスが関わる分野に詳しい弁護士などの外部リソースの活用，他の専門部署との連携など，複数の施策が考えられます。施策の実現可能性や費用対効果を考慮し，目的の実現に最適な施策を採用しなければなりません。

また，あるべき姿と現状の間にあるギャップの解決に向けて，複数の施策を同時並行で実施する場合もあります。例えば，ナレッジマネジメントツールを用いた事業における知見の集積・活用の実現を目指す場合，最適なナレッジマネジメントツールの選定・導入と当該ツールに知見が集約される仕組み（プロセス）をうまく組み合わせなければ，「ツールはあれど知見は集まらず」という事態を招きかねません。この場合には，複数の施策の関連性を意識する必要性があります。

なお，法務・コンプライアンス部門の高度化に向けた施策は，複数年度にわたって段階的に実施することも想定されます。そのため，あらかじめ各種施策の実行ロードマップを策定しておき，予実管理と計画の見直しができる体制を整えておくことも重要です。

(1) 施策の洗出しと優先順位づけ

　ここまでのステップで抽出された施策について，優先順位づけを行います。施策の優先度を決定するフレームワークはいくつかありますが，比較的シンプルなロジックのため導入しやすいものとして，緊急度と重要度のマトリクスによる判定があります。重要性が高く緊急性が高いものを最優先し，次に重要性は高いが緊急性が低いものを，重要性は低いが緊急性が高いものは外部リソースの活用を含め検討，重要性・緊急性がともに低いものを実施対象から排除，といった形で施策を振り分けます。

　なお，施策の優先順位づけにあたって，他社の取組み実績の有無などを参考に判断するケースも見られます。他社でも取り組んでいるという事実は，重要性や緊急性を高める一要素とはなりえますが，あくまで自社にとって重要・緊急な施策であるかを踏まえて判断することが重要です。

【図表2－1④】　重要度・緊急度によるマトリクス

(2) 施策の関連づけとロードマップの策定

　法務・コンプライアンス部門の高度化に向けた施策は，複数年度にわたって段階的に実施することも想定されます。また，「あるべき姿」の1つについて，複数の施策を同時並行で実施することも想定されます。

　これらの進行を適切に管理する上では，個々の施策とこれを構成するタスクを整理し，それぞれの施策の関連性を可視化しつつ，ロードマップとしてとりまとめることが大切です。これを支えるツールとして，WBS（Work

Breakdown Structure：作業分解構成図）があります。【図表2－1⑤】では，縦軸に関連する施策を掲げ，それぞれの施策ごとにタスクを抽出しています。横軸では，各タスクの実施スケジュールを整理しています。

　このようにして，施策とタスクを書き出してみることで，施策やタスクの抜け漏れの有無を確認することが容易となります。また，タスク実行のスケジュールを整理することで，それぞれの施策とタスクのつながりが可視化され，各施策／タスクの関連性の把握や全体の進捗管理に役立ちます。

【図表2－1⑤】　WBS スタイルのロードマップ（イメージ）

法務・コンプライアンス部門の高度化に向けたロードマップ（イメージ）

	施策／タスク	ステイタス	責任者	FY20XX												
				4月	5月	6月	7月	8月	9月	10月	11月	12月	1月	2月	3月
Ⅰ	対応チームの立ち上げ														
①	対応チームの体制検討	完了	●●												
②	チームメンバーの人材要件の整理	完了	●●												
③	メンバーの確保／チーム立ち上げ	完了	●●												
Ⅱ	ナレッジ共有プラットフォームの構築														
①	現状把握／ニーズ調査	着手	●●												
②	KMプロセスの検討／ルール策定	未着手	●●												
③	KMツールの選定／構築	未着手	●●												
Ⅲ	情報収集														
①	必要情報のリストアップ	未着手	●●												
②	情報入手先／入手プロセスの検討	未着手	●●												
③	情報入手プロセスの運用	未着手	●●												

（現時点を表示／各施策を書き出し／各施策のタスクを書き出し／各施策のタスクの進捗状況を表示）

　なお，それぞれの施策の実行に際しては，施策ごとに責任者を任命することが考えられます。その場合には，施策単位でも WBS を作成し，各施策の責任者の進行管理ツールとして活用することも可能です。

5　施策の実行

　施策の実行にあたっては，前述の4⑵　**施策の関連づけとロードマップの策定**のステップで作成した WBS に沿って，各施策のタスクを計画的に推進して

いくこととなります。

　個々の施策ないしはタスクは，WBSで任命した責任者に進行管理を委ねることになりますが，個々の施策ないしはタスクの中には，相互に関連し合うものや一連のプロセスに沿って，施策Aの次は施策Bといった具合に順次段階的に実施しなければならないものもあります。このような場合において，個々の施策やタスクの責任者が連携せずに施策やタスクを推進してしまうと，重複業務が発生するなど，プロジェクトの推進が非効率なものとなってしまいます。また，各種施策は，会社の経営方針に沿って立案されていますが，会社の経営方針に変更があった場合には，法務・コンプライアンス部門の高度化のロードマップや各種施策の見直しが必要となります。

　上記のような事態に対応する上では，法務・コンプライアンス部門の高度化プロジェクトの全体を統括する組織（プロジェクト・マネジメント・オフィス（PMO））を設けておくことが有益です。【図表2－1⑥】にPMOのイメージを示しています。この図表では，PMOの下にワーキング・グループ（WG）も設置していますが，プロジェクトの規模によっては，WGの設置を要しない

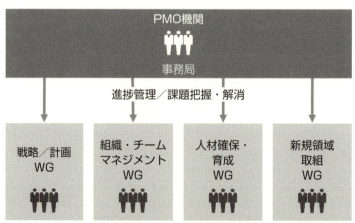

【図表2－1⑥】　プロジェクト・マネジメント・オフィス

（※PMO＝Project Management Office，WG＝Working Group）

1 改革に向けた計画と実行　157

場合もあります。

　PMO の役割は，法務・コンプライアンス部門の高度化に向けた一連の施策の全体管理（プロジェクト管理）です。

　各種施策の推進段階においては，各施策の推進責任者を参加メンバーとする定例会議を開催し，各責任者から施策の進捗状況と課題について報告を受け，プロジェクト全体のスケジュールの調整や課題の解決策の検討を主導します。また，経営方針の変更，事業戦略の軌道修正のほか，予算や利用可能なリソース（人員）の拡大／縮小など，各種施策が立案された前提に変更が生じた場合には，その内容を各施策の責任者に共有し，必要に応じて施策やスケジュールの見直しを促します。定例会の開催頻度は，ロードマップや各種施策の実行スケジュール次第ではありますが，週次〜月次の間で開催頻度を設定するケースがよく見られます。

　各種施策の実施後（各種機能の実装後）については，各種施策の効果測定を通じた法務・コンプライアンス部門の高度化の達成状況の把握と追加施策や微調整の検討（PDCA サイクルによる検討）を継続して担う場合もあります。この場合には，各種施策の運営責任者を参加メンバーとする定例会議を開催し，各種施策の効果測定の結果を共有します。その上で，追加施策や微調整の検討要否についての協議を主導し，必要に応じて追加施策や微調整の案を策定し，その実施を運営責任者に委ねます。こちらの定例会の開催頻度は，四半期〜半期に一度とするケースが多いように思われます。

　なお，各種施策の効果測定の手法については，2 で解説していますので，そちらを参照ください。

チェックポイント

法務・コンプライアンス部門の高度化のための現状分析（現状把握と課	□自部門の現状を網羅的に把握するために，真因分析による，自部門の現状をより深く把握できているか □「法務・コンプライアンス部門の守備範囲」を自ら設定し，現状分析の範囲を限定してしまっていないか

158 第1編／第2章 法務・コンプライアンス部門改革に向けたステップ

題の抽出）	
法務・コンプライアンス部門の高度化のためのあるべき姿の設定	□経営方針に沿った法務・コンプライアンス部門のあるべき姿を定め，これに沿って組織目標を定めている
法務・コンプライアンス部門の高度化のための施策立案	□複数の施策が併存しうる場合，それぞれの施策のプロコンを整理し，優先順位づけを行えているか □各施策の関連性を踏まえた実行プランを策定できているか
法務・コンプライアンス部門の高度化に向けた施策の実行	□プロジェクト・マネジメント・オフィスの活用などにより，各種施策の推進管理ができているか □各種施策を推進する上での課題解決や施策推進の調整をタイムリーに実施できているか

1 改革に向けた計画と実行　159

【コラム⑧】　現状分析における成熟度モデルの活用

　本文中では，KPMG の TOM を用いて，法務機能を「戦略」「体制」「プロセス」「人材」「外部リソース」「情報・IT」の 6 要素に分けて，現状分析の進め方を解説しましたが，法務機能をいくつかの要素に分解する考え方はほかにもあります。米国の The Corporate Legal Operations Consortium（CLOC）が12の要素を定義した「The CLOC Core 12」[7]や米国の企業内弁護士協会である Association of Corporate Counsel（ACC）が14要素を定義した「Maturity Model 2.0 for the Operations of a Legal Department」[8]のほか，日本でも日本版リーガルオペレーションズ研究会が，「日本版リーガルオペレーションズの 8 つのコア」[9]を公表しています。これらの中には，個々の項目ごとに組織に備えられている機能をモデルとして提示し，その内容によって組織の成熟度を区分しているものもあります。これらは，法務・コンプライアンス部門の現状分析の視点を設定する上で大変参考になります。

　ただし，各モデルで提示されている成熟度をそのまま自社に適用して，法務・コンプライアンス部門の成熟・未成熟を判定し，そこから法務・コンプライアンス部門の高度化の施策を考えるアプローチの是非については，各社の実情を踏まえつつ慎重に検討する必要がありそうです。例えば，CLOC は，「WHAT IS LEGAL OPERATIONS?」において，「各機能における成熟度は，各社で行うことを強く推奨する」と述べています。各モデルの成熟度をコンプリートすること自体が目的ではないので，経営方針に沿った法務・コンプライアンス部門の高度化の観点より，適宜取捨選択しつつ活用するとよいのではないでしょうか。

7　https://cloc.org/what-is-legal-operations/
8　https://www.acc.com/maturity
9　https://wp.shojihomu.co.jp/jlo_core8event

【コラム⑨】 予算獲得

　企業を取り巻く環境変化に対応すべく，法務・コンプライアンス部門への経営層の期待は大きくなっており，こうした期待に応えうる組織へと変革することが求められています。他方で，間接部門である法務・コンプライアンス部門が，多額の予算を獲得し，組織変革を実行することは容易ではありません。例えば，導入に注目が集まるリーガルテックにおいても，「予算獲得」を課題とする企業は60.7％と多数に上りました（KPMGコンサルティング＝トムソン・ロイター「法務・コンプライアンスリスクサーベイ2024」）。

　法務・コンプライアンス部門の予算執行の特徴として，他部署からの依頼に基づく弁護士相談費用や訴訟費用など，事前予測が困難な費用を取り扱う点が挙げられます。それだけに，場当たり的な予算獲得を行っているように経営層から誤解されやすく，予算獲得の理解を得にくいという課題は散見されるところです。こうした課題を少しでも解消し，経営層の理解を得て予算獲得を行うためには，①あるべき姿と現状のギャップを明らかにし，②ギャップ解消のための組織活動の計画化と，③組織活動への予算の紐づきの明確化が重要です。

　あるべき姿と現状のギャップを明らかにする方法については，本文で解説したとおりです。組織活動の計画化にあたっては，法務・コンプライアンス部門が，企業経営あるいはビジネス推進に貢献する（している）ストーリーを中期計画として示し，中期計画からバックキャストして単年度計画に落とすことが重要です。すなわち，経営戦略・事業戦略の実現を支援するための，中期的な計画としての法務・コンプライアンス部門の活動を明確化し，そのステップとして具体化された単年度計画を策定することになります。そのためには，中期計画と単年度計画に連続性が求められることはもちろんですが，単年度計画が中期計画にあわせて無理にストレッチされていないかなども踏まえ，全体のバランスを考慮した計画とすることも肝要です。

　組織活動の計画化を踏まえ，当該組織活動と予算の紐づきを明確にすることで，予算執行の根拠を明らかにしていきます。まずは，単年度計画を半期・四半期の具体的なタスクレベルに落とし込み，タスクごとに発生する費用を洗い出します。そしてタスクごとに発生する予算をプロットしていくことで，いつ・何のための費用が発生するのかを可視化することができます。これにより，予算執行の根拠を明らかにするとともに，組織活動の計画の進捗にあわせて，予算執行の確度を示すことができます。

　ただし，前述のとおり，法務・コンプライアンス部門は，他部署からの依頼や外部環境に起因した費用発生の割合が高い部署です。そのため，予算の正確性を高めるためには，予算年度に発生しうる事業部門からの相談案件等を事前に把握しておくことが重要になります。事業計画の事前ヒアリングや，マターマネジメ

ントシステムを活用するなど，事業案件の早期把握と管理の徹底は，法務・コンプライアンス部門の組織活動の計画性を向上させるにとどまらず，予算執行の見通しを改善することにもつながり，ひいては経営層からの信頼向上の効果が見込めます。

162 第1編／第2章 法務・コンプライアンス部門改革に向けたステップ

2 部門の評価・改善（KPI 評価・運用）のポイント

〈法務・コンプライアンス部門が抱えている課題〉

法務・コンプライアンス部門は，他部門からの都度の依頼に基づく業務が多くを占めており，業務総量や業務難易度の事前把握が難しいという業務特性があります。その結果，組織としての評価基準がない，あるいは組織の評価基準が定性的で具体的な数値目標がないという企業が多く見られます。

また，KPI（重要業績評価指標）などの形で評価基準を設定していても，その運用・評価・改善のプロセスが正しく機能していない結果，組織の高度化が不十分となっている企業も散見されます。KPI 評価の多くが自己評価に依存するなどして客観性を失い，評価機能が形骸化したことで，KPI が有する効果指標・動機づけとしての機能の実効性が疑わしいものとなっているケースなどがその一例です。

本項のポイント

1　構築（または再構築）した法務・コンプライアンス部門が当初想定した機能を十分に果たしているかを測る前提として，評価指標を適切に策定することが重要です。その1つの方法として重要業績評価指標としての KPI の設定が考えられます。KPI の設定にあたっては，定量・定性の評価項目，行動・結果による評価指標などを組み合わせ，複合的な観点から評価可能な KPI 設定を行うことが重要です（解説箇所：1〜4）。

2　KPI の設定後には，これを具体化した計画の策定と実行が求められます。さらには，策定・実行した計画の到達度を評価し改善活動につなげることで PDCA サイクルを機能させ，組織の高度化を図ることも重要です。KPI の評価には，他部署からの指摘や数値などの客観的な指標を積極的に取り入れ，自己評価のみに偏らない対策も求められます（解説箇所：5〜6）。

散見される課題

1 法務・コンプライアンス部門のKPIが設定されていない

　法務・コンプライアンス部門の目標が設定されているにもかかわらず，KPIの設定を行っていない例が散見されます。設定した組織目標をどのように達成するのか，最終目的への到達プロセスを管理し，課題の対応・改善を行いながら組織の高度化を行うためには，KPIの設定は重要になります。

2 KPIが偏った評価視点に依存している

(1) 評価軸の偏り

　KPIが設定されている場合でも，定性的な評価指標のみで構成している例が散見されます。具体的な数値目標がないと，目標達成に向けた行動が明確にならず，また客観的な効果測定もできず，改善につながりにくくなります。

　一方で，定量評価に偏ったKPIの設定は，組織・部員を誤った行動に誘引してしまうおそれがあります。例えば，法務相談件数や契約審査件数といった数値にだけ偏ったKPIを設定すると，件数をこなすことが目的化し，担当部署に寄り添って法務リスクを洗い出し，対処するという，丁寧な法務活動が阻害されるおそれがあります。法務業務の特徴を踏まえ，業務の質・プロセスの評価と併用するなど，バランスが大切です。

(2) 評価指標の偏り

　評価指標が，事案など注目度の高い案件への対応状況（結果指標）に偏ってしまう例が散見されます。本来，法務・コンプライアンス部門は「何も起きない」ことを目指す組織であるため，「何も起きない」ように導く行動プロセスも評価対象とする必要があります。部員としてのあるべき行動に基づく行動指標を加味した総合評価を行わなければ，組織への貢献度を正しく反映しているとは言えません。

164　第1編／第2章　法務・コンプライアンス部門改革に向けたステップ

3　KPI 評価による弊害の発生

　KPI 評価を導入した結果，セクショナリズム・組織のサイロ化を助長し，結果として重要案件の遅延や，KPI 以外の業務の軽視といった課題を抱える例が散見されます。その原因として，柔軟性に欠ける KPI 評価を行っていること等が挙げられます。複眼的な評価により，結果・プロセスの両面から評価を行うことが重要です。

解　説

【図表2－2①】　KPI に基づく組織運営のステップ

	STEP 01 部門KPIの設定	STEP 02 KPIに基づく組織運用	STEP 03 評価・改善活動
実施事項	① KPIの機能を踏まえ，複合的な評価軸を設定する。 ② KPIのもつ弊害を理解し，その対策がとれているか確認する	① KPIに基づく具体的な計画を定める。 ② 計画に沿って実行する。	① KPIの達成状況を評価する。 ② 残課題を踏まえ，KPIおよび計画の見直しを行う。
ポイント	• KPIの設定にあたっては，SMARTの5つの要素を意識する。 • 定量・定性の評価軸に加え，プロセスと結果の両面を評価指標に加える。	• 経営方針と無関係に高度化を検討・推進しない。 • トップダウンとボトムアップのプロコンを認識した上で，両者を使い分ける。 • 部門構成員の当事者意識の喚起に留意する。	• 自部署による評価に加え，他部署による評価の実施も検討する。 • サーベイ結果など数値・データを活用した評価も検討する。

1　前提事項

(1)　KPI の定義

　KPI とは，Key Performance Indicator（重要業績評価指標）のことであり，組織や個人の最終目標に対する達成度を図るための指標です。組織や個人の最終目標である Key Goal Indicator（重要目標達成指標：KGI）とは区別され，KGI に対してどのくらい到達できているかを継続的に測定する指標が KPI です。そのため KPI は，特定の期間において達成可能な程度に具体的な指標で

②　部門の評価・改善（KPI 評価・運用）のポイント　165

あることが求められます。

(2)　KPI の機能

KPI の一般的な機能として，効果測定指標としての機能と，動機づけ機能の2つが挙げられます。効果測定機能は，前述のとおり，KGI などの最終目標に対して，どの程度達成しているかを客観的に測る機能です。

他方，動機づけの機能とは，組織・部員に対して，特定の行動を誘引する機能を指します。例えば，法務・コンプライアンス部門において，半期の契約審査件数を3,000件とする KPI を定めた場合，部員はこの件数を達成するために，とにかく効率的に契約審査を進めようとする行動の動機を得ることになります。こうした KPI の機能を踏まえ，偏った行動に誘引してしまわないよう，複合的な視点から KPI を設定することが重要です（詳細は後述）。

(3)　KPI 設定の視点

KPI の定義・機能を踏まえ，KPI は達成可能であり，かつ到達度の確認が可能な内容でなければなりません。具体的には，以下の5つの要素を備える KPI を設定することが重要です。

- 明確性（Specific）：誰にとっても明確であること
- 測定可能性（Measurable）：客観的に測定可能であること
- 達成可能性（Achievable）：現実的に見て達成可能であること
- 関連性（Relevant）：組織の目的や戦略と関連すること
- 時限性（Time-bound）：明確な期限を設定すること

2　法務・コンプライアンス部門における KPI の設定

事業部門における売上や利益などとは異なり，法務・コンプライアンス部門は指標の数値化が難しいと言われています。そこで，あるべき組織としての目

標を定め，現状とのギャップに基づいた KPI を設定することが有効です。

(1) 組織目標

　KPI の設定にあたって，法務・コンプライアンス部門に期待されている機能が何であるか，組織として目指す姿を明らかにすることが考えられます。現状とのギャップを可視化することで，組織の課題を明確化します。まずは，到達目標となる部門のあるべき姿を設定します。これらの到達目標の設定にあたっては，コンプライアンス・プログラムを参照し，組織としての課題を踏まえつつ，あるべき機能を整理することが有効です。

　また，法務・コンプライアンス部門に期待されている機能が何であるかに基づいて，組織としての目指す姿を明らかにすることも考えられます。事業部門へのヒアリングなどを通じて，法務・コンプライアンス部門に求められる役割を洗い出し，当該役割と現状の組織が果たしている機能とのギャップを可視化することで，組織の課題を明確化します。

　そして，ここで明らかになった課題の解決策を KPI として定めることで，組織目標の到達度を測る KPI の設定が可能になります。

(2) 部員目標

　組織として定めた KPI を確実に実行するための方法として，組織の KPI に基づいた個人の KPI を設定することが考えられます。この場合，組織目標への貢献度に応じた評価ができるよう組織目標を分解して，個人の目標設定を行う必要があります。

3　KPI の評価軸

　前述のとおり，偏った指標による KPI を設定すると，組織や個人に誤った動機づけを与えてしまうおそれがあります。そのため，複合的な評価軸に基づいて KPI を設定することが重要になります。ここでは，定性・定量による評価軸およびこれらの評価を測る指標となる行動指標・結果指標を解説します。

(1) 定性・定量の評価軸

① 定性評価

　数値では測れない目標到達状況の評価を行う評価方法です。例えば，法務体制の構築・高度化といった，法務・コンプライアンス部門の組織課題などに基づく施策の達成状況などを評価する際に有効です。ただし，定性目標は目標に到達したかが曖昧になりがちで，主観的な判断に陥りやすいデメリットがあります。そのため，成果物を明確にするなどして，到達度を客観的に測れるようにしておくことが重要です。加えて，組織のKPIに基づいて，部員の目標を設定する際には，あらかじめ役職や期待値に応じたコンピテンシーモデルを定めておき，これに基づいて評価を行うなど，客観性を担保することが考えられます。

② 定量評価

　数値による目標到達度を評価する方法です。例えば，契約審査件数，法務相談件数など，数値化が可能な目標に対して，その到達を測ることができます。定型業務などを中心に定量化を図ることで，組織貢献に向けた部員の行動を明確化することができます。他方で，定量評価は，難易度やプロセス・質など，数値化できない業務や行動を評価対象から外してしまうことになるため，他の評価指標と組み合わせることが重要です。

(2) 評価指標

① 行動指標

　定性評価の1つであり，行動や態度・業務プロセスなどによる多面的な評価を行う指標です。組織のKPIに基づく個人の目標が，到達度や結果のみの評価に偏重することで，KPI以外の業務の軽視や，KPIの設定によるセクショナリズムが発生することを防止するために，結果には表れない能動的・積極的な行動プロセスを評価する指標として有効です。感覚的・主観的な評価とならないよう，職制や期待役割ごとに望ましい行動をあらかじめ定義・周知すること

が重要です。

② 結果指標

　一定の業務対応の結果に対する評価を行う指標で，定量評価と親和性が高い評価基準です。不祥事や訴訟など会社影響の大きな事案などへの対処に対して，これを解決に導いた結果などに着目し評価をする際に有効な指標です。例えば，訴訟において請求されていた損害賠償金額よりも少ない金額で和解できた場合などに当該差額を訴訟対応の成果として評価するなど，客観的に評価することが考えられます。

4　KPI の弊害回避

　KPI の誤った活用により，その弊害ばかりが強調される結果になる可能性がある点には注意が必要です。KPI の設定により生じやすい弊害としては，①KPI 以外の業務への無関心，②結果への偏重，の大きく 2 つの観点が挙げられます。

(1)　KPI 以外の業務への無関心

　KPI を設定することで KPI に関連する業務についての組織・個人のオーナーシップを明確にすることが期待できます。一方，KPI に関連しない業務について「自部署・自分の仕事ではない」との誤った態度・判断が横行する可能性があります。KPI 以外の業務に関心を持たず組織内外の協力関係が薄れると，セクショナリズムや組織のサイロ化を進行させ，業務の押しつけ合いや非効率な組織運営を生みます。それだけでなく，部署間の相互の監督・監視機能を弱めてしまうことで，不正が起きやすい体制へと悪循環に陥ってしまいます。

　こうした弊害を生まないためには，組織横断的な活動や他部署への貢献など自部署の KPI 以外の業務も評価対象にすることが考えられます。また，行為指標の積極的な活用も有効です。KPI の達成に向けて，関連する他部署を巻き込んだ活動をできているか，といったプロセスに着目した評価指標を取り込む

ことが考えられます。例えば，贈収賄・腐敗行為防止に向けた体制を構築するというKPIにあたって，法務・コンプライアンス部門だけでなく，経理部門と連携することで，不公正な取引や不審な出捐がみられないかをモニタリングするといった，他部署との協働を評価対象にするといったことが考えられます。

(2) 結果への偏重

KPIの達成を重視するあまり，KPIの達成そのものが目的化し，形式的に目標・結果を充足することで満足してしまうといった事態も懸念されます。例えば，スピード感のある事業支援を目的に，KPIに法務相談回答日数の短縮が設定されていた場合に，法務相談を早期にこなすことが目的となってしまい，法務リスクの見落としや一貫性を欠いた法務回答を続けるといった，相談への回答の質の低下といった弊害が想定されます。

こうした弊害を生まないためには，定性評価とのバランスが重要です。定量的な評価に偏らず，背景にある組織の目指す姿への貢献度を定性評価として織り込むことなどが考えられます。先ほどの例に戻ると，「スピード感のある事業支援」という目的からは，法務相談の回答日数を短縮するだけでなく，法務相談の回答後に手戻りを生じさせない質の高いリスク支援も重要となります。そこで数値だけではなく「適切なリスクコントロールを主導できているか」「相談に的確に回答できているか」といった質（回答内容）に関わる評価を併用することが考えられます。こうした質に関する評価については，後述する他部署からのフィードバックなどを活用することも一案です。

5 KPIを活用した組織運用

(1) KPIに基づく計画

KPIを定めただけでは組織の高度化を図ることはできません。KPIの実現に向けて，いつまでに何をするのかを明らかにした計画・ステップの具体化が重要になります。言い換えると，計画に沿った実行が完了した場合には，KPIが達成できている状態となるよう具体化することが必要になります。特に定性的

な KPI については，何をすれば達成できたといってよいかを明らかにするために，成果物を明確にした計画を立てることが重要です。

例えば，法務・コンプライアンス部門の高度化の実現を KPI に設定したとする場合，抽象的であるため，何をすれば高度化したといえるのかが明らかではありません。そこで，法務・コンプライアンス部門の現状の課題を洗い出し，他社の調査を行い，あるべき姿を設定し，当該あるべき姿の実現に向けたステップを明確化するという計画を立てます。こうすることで，KPI の実現に向けて実施すべき事項を明らかにすることができ，計画の実行と管理につなげることが可能となります。

(2) 計画の実行・管理

KPI の達成に向け，計画に沿った実行を行うために進捗状況の管理も重要になります。週次など一定のタイミングで，計画の進捗を把握し，進捗の障害となる課題を取り除くことが必要になります。より高度に進捗の管理を行う場合には，各担当者の業務レベルにタスクを細分化することも考えられます。

6 KPI 達成状況の評価と改善の取組み

(1) 自部門による評価・改善の取組み

期末，年度末などの区切りに，KPI の達成状況を部門長などに報告し評価を得ることが考えられます。ここでの報告・評価の目的は，目標到達できなかった点を明確にし，次のアクションにつなげることにあります。そのため，KPI の目標達成状況やその成果だけでなく，残課題を明らかにすることが重要になります。組織強化に向けた課題出し・残課題を解決するための取組みを明らかにした上で，どの優先順位で，誰が，何を，どうやって実行するのかを明らかにした具体的な対応計画を作成します。

課題および対応計画を踏まえて KPI の見直し，再設定をし，次年度の運用をスタートさせます。また，評価結果，残課題などは部員に共有・フィードバックすることで，部内で課題意識を共有することも重要です。

2 部門の評価・改善（KPI 評価・運用）のポイント　171

⑵　他部署による評価・改善に向けた取組み

　自部署による評価だけでは，事業目線が抜け落ち，主観的な評価が入り込む余地があります。そこで，他部署から自部署の取組みについてのフィードバックを求める方法が考えられます。例えば，法務相談の質を担保するために，回答内容が適切であったかなどを相談部署に対して調査するといった方法です。実際に，法務相談の相談部署に対し，継続的にアンケート調査を行っている大手企業も存在します。調査結果から，相対的に低評価だった項目について重点的な対応を行うなど，他部署からの評価に基づいて組織の課題を見極めることで，法務・コンプライアンス部門の改善活動につなげています。

⑶　数値やデータを使った評価・改善の取組み

　数値やデータを使った評価・改善の取組みの方法として，全社員に対し，コンプライアンス意識調査を行ったり，重大なコンプライアンス違反数の分析を行ったりすることで，法務・コンプライアンス部門における取組みがどの程度浸透しているかを数値で測り，部門評価や改善活動につなげる方法も考えられます。

　例えば，新たに策定した行動規範の周知・浸透度を KPI として設定していた場合，行動規範の各項目に関する認知度や，行動規範が求めている行動の実践がどの程度できているかを確認するアンケート調査を行うことで，浸透度を数値やデータとして測るといった方法が考えられます。こうしたアンケート調査を定期的に継続して実施することで，経年の結果を踏まえ，行動規範の浸透度を評価すると同時に，認知が不足しているテーマや実践できていない事項を洗い出し，これらのテーマに関する研修を強化するといった法務・コンプライアンス部門改善活動にもつなげることができます。他にも，研修受講率や研修内での誓約書の取得率などの数値に基づいて，コンプライアンスの浸透度を測り，その達成度を組織評価に組み込むといった方法も有効です。

　アンケート調査以外にも，重大なコンプライアンス違反数について統計をまとめることで，その改善状況をもって法務・コンプライアンス部門による取組

みがどの程度浸透しているかを評価するといった方法も考えられます。実際にいくつかの企業では、コンプライアンス違反数や内部通報数を統合報告書で開示しており、自社の法務・コンプライアンス活動の評価・改善のプロセスをステークホルダーに開示して評価を受けようとする取組みも見られます。

チェックポイント・

KPIの設定	□パーパス／ミッションに沿ったKPIを設定しているか
	□KPIは、組織目標の到達度を測る指標となっているか
KPIの評価軸	□評価項目には、定性評価項目、定量評価項目がそれぞれ含まれているか
	□評価軸には、行動指標だけでなく、結果指標が含まれているか
運用・活用	□実行可能なKPIとなっており、部門長等に進捗報告は行われているか
	□部門長等への報告結果に基づき、取組み内容などを見直すことができているか
評価・改善	□組織活動の評価・改善にあたって、自部署による評価・振り返りを行っているか
	□組織活動の評価・改善にあたって、他部署によるレビューを取り入れているか
	□評価結果に基づいて残課題を明らかにし、残課題の対応を計画的に行えているか

【コラム⑩】 KPI に基づく組織運用の取組み紹介

　ここでは，KPI に基づいた法務・コンプライアンス部門の運用を高度なレベルで行うための取組みを紹介します。

　まずは，設定された部門の KPI について，部門内のグループやチームの KPI に分解したり，ブレイクダウンしたりすることが必要です。例えば，適切な委託先管理の実現を KPI とした場合に，法令を主管するチームが担うべき役割，契約審査を主管するチームが担うべき役割などの形で分担を行います。

　次に，分担された KPI ごとに，担当者が実行可能なタスクレベルにさらに細分化します。タスクごとに，いつ・だれがやるのかを明らかにしたタスク一覧を策定し，当該役割に沿って各担当者がタスクに取り組める状態とします。このときに，個々のタスクは何をもって完了とできるのかを明確にすることが，客観的なレビューのために重要です。例えば，他社の取組み状況を調査するタスクであれば，ベンチマーク資料 3 社分のまとめ資料といった形で，客観的な成否が明らかとなる成果物を定めておくことが考えられます。

　こうして分解されたタスクは，前述のとおり週次などで行われる進捗管理において個人の業務進捗状況として，管理することが可能となります。オーナーシップが明確になることで遅延や失敗の原因・責任を明確化することが可能になります。

　こうしたタスク管理とは別に，KPI 全体の進捗状況を部門長等に報告することも重要です。個々人の業務の積み重ねが KPI に基づいた組織運用につながっていることを定期的に確認しながら進めます。定期報告の目的は，進捗状況を報告し，設定した目標に無理がないか，目標設定後の環境変化に対応できているか，目標の見直しが必要ないかなどの確認を行うものになります。そのため，月次・四半期などの中期的なサイクルでのレビューが想定されます。

【コラム⑪】 法務・コンプライアンス部門におけるパーパス・ミッション

　企業理念としてのパーパス・ミッション・バリューとは別に，組織としてのパーパス・ミッションを定める法務・コンプライアンス部門が増えています。KPMG コンサルティングとトムソン・ロイター社が共同で実施した「法務・コンプライアンスリスクサーベイ2024」によると，約47.4%の企業が，パーパス・ミッションを定めていると回答しており，全体の約40%の企業が部門の具体的な活動に紐づいていると答えています。

　サステナビリティに関する重要コンプライアンステーマ（第1章④）に代表されるように，法務・コンプライアンス部門の役割は多様化しており，既存の枠組みに捉われないプロアクティブな取組みが求められています。こうした環境変化の中で，法務・コンプライアンス部員が同じ方針の下で結束するために，組織における「あるべき姿」よりも抽象的な概念として，また KPI よりも中長期的な視座から，パーパス・ミッションを定め，浸透を図ることも考えられます（パーパス・ミッションに関する具体的な取組みについては，第2編の事例を参照）。

第 2 編

インタビュー編
他社の取組みに学んで活かす

176　第２編　インタビュー編

第 1 章

KDDI 株式会社

―法務のレベルアップに向けて継続的な取組みを実施。少人数でも複雑・高度な案件に対応―

法務組織概要	会社概要
■人数（2023年2月時点） 29名 ■業務内容 紛争訴訟対応，法務相談，契約法務，法務研修，コンプライアンスのほか，プロジェクト（業務提携，M&A）案件支援・新規ビジネス事業の展開支援に力を入れている。	■事業内容 パーソナル事業（個人向け通信サービス，ライフデザインサービス），ビジネスサービス（法人向け通信サービス，ICT ソリューション，データセンターサービス等），その他（通信設備建設及び保守，情報通信技術の研究及び開発　等） ■従業員数（連結） 49,659名（2023年3月31日時点） ■グループ会社数 210社（2023年3月31日時点）

※本インタビューは，2023年3月までに実施されたもので，所属や役職などインタビュー当時の情報に基づいて記載しています。

取組みのポイント

●**満足度アンケートの活用による継続的業務改善**：法律相談回答全件について個別に有益度を問うアンケートを継続的に実施し，法務部員のレベルアップに取り組んできた。他部門とのコミュニケーションツールとしてアンケートを活

用し，そこで出た意見を踏まえ，継続的に業務改善を図っている。部員の個人名を付して感謝の声が届くこともあり，法務部員のモチベーションアップにもなっている。

●**他部門との強固な信頼関係構築**：「共に，走る法務」をスローガンに掲げ，事業計画段階から事業部門とコミュニケーションをとれるよう，各種の取組みを行ってきた。法律相談の実施は任意であるが，重要な案件は必ず法務に相談がされており，他部門との信頼関係が構築できている。

●**2名1組体制等による人材育成**：すべての案件について担当者と指導役の2名体制としており，案件アサインはメンバーの育成計画や各人の志向・経験に基づき行っている。個人の志向を尊重したアサインを積極的に行い，組織への定着率も高い。

インタビュー

■ 話し手

総務本部法務部　部長　弁護士　大舘　薫　様

法務コンプライアンス部門の特徴

—貴社の法務コンプライアンス部門の特徴を教えてください。

　企業間の提携やM&Aにより，グループの事業領域が比較的短いスパンで拡大しており，法務サポートを行う対象領域も拡大している一方で，法務部の規模は30名前後と中規模のため，さまざまな工夫をしています。具体的には，事業部門制に近い体制を採用して事業部門と常時情報連携を行い，必要な場面で法務が入っていけるようにするほか，法務回答の全件について満足度アンケートを行い，継続的な業務改善を図るなどもしています。

　プロジェクト案件等の複雑で難易度の高い案件も多い中，案件対応に必要な領域の知見のある2名を1組の担当としてアサインし，機動的に体制をつくりながらも，確実に相談できる環境を維持しているところも当部の特徴と言えるかと思います。

—複雑・高度な案件とは具体的にはどのようなものですか。

　企業間の提携案件や，クロスボーダー案件を含むM&A案件，新規事業開始時の法務サポート案件など，当事者が複数であったり，スキームが複雑であったり，既存の枠組みとは異なるためにリスクポイントの特定が難しい案件や，リスクポイントはわかっても対応策の実現が一筋縄ではいかない案件です。

　KDDIグループでは，社会に5G通信が浸透してあらゆるシーンに通信が溶け込み，新たな価値が生まれる時代を想定し，通信が溶け込むさまざまな領域（DX，金融，エネルギー，ライフスタイル提案，地域共創）のサービスの創出・拡充に注力しています。実際，グループとして，この方針に従い，これまでにパートナー企業との提携やM&Aを積極的に行ってきました。

　当社では法務相談の実施は任意とされていますが，経営層の声かけもあって，臨床法務案件や予防法務案件のほか，前述の提携案件やM&A案件，新規事業サポート案件などの戦略法務案件といえる重要な案件はほとんど法務に相談がされています。

—そのような案件で法務部は，どのような役割を果たしていますか。

　M&A案件や組織再編の件では，各案件のリスクポイントの洗い出しから優先順位づけ，スキーム・スケジューリング検討等の初期対応，デュー・ディリジェンスの実施，契約起案・交渉，PMIなど各段階の手続など，さまざまな局面で関わっていますが，外部事務所に依頼せず，最初から最後まで法務部員が対応することもあります。特にグループ内の組織再編案件では，グループとしての目的や，会社の状況の理解が必要不可欠であるため，法務部員が幅広く対応することが多いです。

　新規事業サポート案件では，例えば，web3における暗号資産の取扱いのように，現行の法規制の定め方では業法該当性があいまいであるがゆえに，踏み込んだサービス展開が躊躇されるとの課題意識を持った場合には，監督官庁への法提言の内容を検討する業界団体に法務部員が加わって，議論・検討するような対応も行っています。

—複雑・高度な業務を少人数で効率的に遂行するための重要なポイントは何でしょうか。

大きく2つポイントがあると考えています。

1つ目として，月並みなことかもしれませんが，日頃から事業部門や関係部門との信頼関係を築いておくことが重要と思います。事業の自由度に比して，法的に明確に言える範囲は限定的であり，条件付きとなるため，ともすれば法務回答は堅いとか，融通が利かないと言われがちで，法務部員もそのようなイメージで敬遠されることもないわけではないと思います。

一方，例えば，企業間の提携案件において，両社の納得感のある文言で連携の目的，目指す姿，相互に持ち寄る両社のアセット等を業務提携契約で文字化するには，事業への深い理解に加え，交渉の場に入れる程度に両者間の関係を把握し，あるいは，両社の関係や協議が進んでいる内容，そうでない内容を正確に把握して，そのニュアンスを文書に落とし込む必要があります。しかし，事業部門から敬遠されている状況ではほしい情報を貰うこともできません。

特に不都合な情報やリスク情報こそ，法務部としては早めにもらいたいのですが，信頼関係がないと情報から遠ざかってしまうので，日頃から他部門に「法務に相談してよかった」と思ってもらえる経験をなるべく多く積んでもらえるよう，後述のアンケートによる業務改善や他部門とのコミュニケーション強化に取り組んでいます。

2つ目として，少し先を見て人材育成を行うことも重要な点になると思います。法務相談を受ける際には，法務部員が各案件の検討に必要な法的知見を持って一定以上のレベルで業務を遂行できることが前提となりますが，一朝一夕で知見が身につくわけではないので，腰を据えた先行投資的な育成が必要になります。そのため，会社の動きや日常の法務相談の中から，次に動きそうな領域を想定し，その領域でノウハウを蓄積する人材を決めて案件アサインやセミナーへの参加を勧めるなど，部員の人材育成にも力を入れています。

満足度アンケートの活用による継続的業務改善 •━━━━━━━━━•

―組織目標の設定・改善に向けた取組みについて教えてください。

　法務回答の全件について事業部門に満足度を問うアンケートを活用してきました。アンケートでは，「法務回答の有益度」「わかりやすさ」「当事者目線」「コミュニケーション」「タイムリーさ」の5つの指標につきそれぞれ5段階で匿名で評価してもらい，上2段階の評価割合を部門目標に設定しています。また，アンケートでは自由記述でのコメントも収集しています。これらの数値結果や具体的なコメントを月次で部員全員に共有し，各自の日々の業務の改善を図る取組みを10年間実施しています。

―取組みによる効果を実感していますか。

　法務業務は性質上，数値目標に馴染みづらいところがありますが，このアンケートで法務業務に客観的指標を導入したことにより，結果に基づき，定期的に対応方法を見直すことが習慣化したことで，他部門とのコミュニケーションも活発になり，部員の意識も変わるなど，大きな効果があったと思います。

　例えば，タイムリーさについては，10年前にアンケートを開始した当初は満足度が6割程度でしたが，法務相談の受付から24時間以内に法務担当が一報を入れる，簡易に回答できる内容であればできるだけシンプルに回答をする，などの方針を採用していったことで，現在では繁忙期であっても9割を下回ることがなくなりました。

　アンケート数値結果のほか，自由コメントで出た主な要望事項をイントラに対応状況とともに公開していますが，アンケートの実施に加え，改善に向け真摯に取り組む姿勢を打ち出すことで，近寄りがたいと思われていた法務を身近に感じてもらうことができ，事業部門からより多くのコメントをもらえるようになり，信頼関係の基礎が作れたと思っています。

―その他に効果を感じる点はありますか。

アンケート開始からほどなくして，自由コメント欄で担当の法務部員に対する感謝の言葉が見られるようになりましたが，対面でも法務対応のお褒めの言葉をもらうことが増え，担当者の励みになっています。また，他のバックヤード部門でも当部のアンケートを参考にしたいと声が上がるようになりました。

他部門との強固な信頼関係構築

―他部門との円滑な連携のため，どのような取組みをしていますか。

　コミュニケーション強化に向けてさまざまな取組みを行っています。

　まず，法律相談・契約書審査の受付体制について，各事業領域の法務担当者を固定して対応する事業部門制を比較的最近導入しましたが，これにより，各領域で法務メンバーが，領域特有の法的知見やサービスナレッジを蓄積した上で，案件内容に即した対応を行うことができるようになりました。顔の見える体制での連携が可能になったことから，定期的に情報交換会を行い，事業部門の中長期の方針を聞くとともに，こちらから各領域に関連する法改正情報の発信を行うことで，法改正情報の社内浸透は加速していると感じています。

　さらに，領域別の法務対応のアンケートも四半期ごとに実施し，法務対応に望む事項を事業部門に聞いています。こちらのアンケートは，顕名での回答でもあるためか，事業部門のリーダークラスから非常に前向きで具体的な提案を直接もらえます。こういった取組みの結果として，任意相談の仕組みであっても，他部門から法務部に，早期から情報が寄せられる状況になっており，他部門との信頼関係が築けていると思っています。

―他部門からの信頼を獲得することで相談件数が増え，処理能力を超えるといった懸念はありませんか。

　相談件数は増加の一途のため，案件が溢れないように工夫をしています。例えば，事業部門での判断が容易になるよう，教育・研修やガイドラインも提供しています。最近では，ガイドラインで法務部に相談しなくてもよい領域（案件の規模や性質に応じ，事業部門で自律的に判断できる領域）を示し，事業部

門で自主的に対応できる事例を明確にする仕組みの導入を検討しています。悩みは尽きないですが，引き続き，事業部門との役割分担の方法については工夫していくしかないと考えています。

2名1組体制等による人材育成

—決して多くはない部員数の中で，複雑・高度な案件に対応していくため，どのような取組みをしていますか。

　前述のとおり，機動的な案件対応と効果的な人材育成を両立させるため，すべての案件に，担当者と指導役の2名1組でアサインする方法を採用しています。この案件ごとのメンバーの決定は，個々の部員の育成計画や志向・経験に基づいてかなり精緻に行っていると言えるかのではないかと思います。

—2名1組体制で案件に対応することによって，どのような効果がありますか。

　指導役と担当者が2名1組で対応することで，案件検討の自由度はありながらもコンパクトに検討・議論ができるため，スムーズな対応が可能となります。人材育成の面では，担当者にとっては難易度の高い案件に携わる機会が増え，指導役にとっては後輩の育成経験を積むことができるなどのメリットがあります。指導役は，部内で4～5年業務経験を積んだ後に，得意な領域でアサインされることが多いですが，他部門との折衝や案件の終局的な着地まで責任を持ってコントロールすることになるため，ハードではありますが，さまざまな視点を養うことができるのも利点と思います。

—業務へのアサインはどのように行っていますか。

　在籍している30人の法務部員の経験や，将来携わりたい領域，業務量などを課長クラスが把握して，これらを考慮した担当アサインを，案件ごとに個別に行っています。アサイン業務の負担は大きいですが，案件対応の成果，人材育成の両面で効果が出ていると感じます。

—人材育成として，他にどのような取組みをしていますか。

　勉強会やナレッジマネジメント，データベース共有などの取組みを実施しています。

　勉強会は月に2回行われており，参加も発表も任意ですが，若手からシニアまで，忙しい中でも積極的に参加して，案件対応やセミナーで得た知見を活発に展開しています。

　また，ナレッジマネジメントの目的で，各領域の代表的な案件を毎月1件以上共有するほか，法務回答の全件をデータベースで共有しており，部内のメンバーは誰でも簡単にアクセスできるような仕組を整備しています。

　これらの仕組みはメンバー間の知識共有やスキル向上に一役買っていると思います。

—人材育成の中で，個人の目標設定はどのように行っていますか。

　法務部員の個々人が目指すキャリアや，指向する専門領域の違いにより，フルカスタマイズの育成が必要になってきていますので，毎月上司と面談を行い，短期・中長期の担務設定から，個々の領域で到達を目指すレベルの設定・目標の修正まで，まめに話をする場を設けています。達成度合いも定期的に振り返って計測し，目標の修正が必要であれば即時行うなどしています。

—取組みの効果を感じる点はありますか。

　できるだけメンバーの担務希望を反映したアサインや育成を行い，振り返りもこまめに行うことで，メンバーが実力をつけながら状況に応じた案件対応を着実に行うことができており，部門運営の仕組みとして循環型の業務サイクルができていると感じます。

　法務パーソンとして成長できる環境が離職率の低さにつながっているとの実感もありますが，メンバーの成長を目の当たりにする時には素直にうれしく思います。

　歴史的にも法務業務に求められる内容は時代とともに変遷してきており，業

務内容も常に変化していますが，当部は，メンバーのやりがいを重視した上で，変化に柔軟に対応できる形で法務業務を遂行してきていますので，メンバーはこれからの社会の変化にも対応しつつ，より良い姿を目指していってくれると思っています。当部の魅力は組織としてのしなやかな強さにあると自負しています。

第**2**章

ソニーセミコンダクタソリューションズ株式会社

―法務・コンプライアンスの役割を自ら限定せず，
事業に寄り添う法務業務を実践―

法務組織概要	会社概要
■人数 　約30名（兼務含む） ■業務内容 　半導体事業における法務相談，契約作成・審査・交渉，訴訟・行政調査対応，コンプライアンス対応のほか，意思決定支援や経済安全保障対応など事業・経営アジェンダの実現支援に注力。	■事業内容 　半導体関連製品・サービスの研究，開発，設計，生産，販売事業，およびこれに関連，附帯する事業 ■従業員数（連結） 　約9,200名（2023年4月1日現在） ■グループ会社数 　計10社 　（国内：4社　海外：6社） 　（2023年6月1日時点）

※本インタビューは，2023年4月までに実施されたもので，所属や役職などインタビュー当時の情報に基づいて記載しています。

取組みのポイント

●**役割を自ら限定せず，サステナビリティにかかわるコンプライアンスリスクにも能動的に対処**：伝統的な法務・コンプライアンスの枠にとらわれず，経済安全保障分野や人権・環境等の分野で他部署と密に連携し，情報発信，支援・助言も積極的に行っている。

●**社長直轄の組織で関係各所と連携**：事業会社内での社長直轄の組織として位

置づけられており，日常的に経営層や事業部門との積極的なコミュニケーションを図っている。

●盛田昭夫氏在職時から続く事業に寄り添う法務の体現：ソニーでは創業者の故・盛田昭夫氏が経営をしていた1970年代に法務機能を法務部の所管とする組織変更を行って以来，その機能を強化してきた。半導体事業を支える法務・コンプライアンス部として「経営・事業の目標の達成」「遵法オペレーションの確保」「リスクマネジメント」の3点に貢献することをミッションに掲げている。重要会議体での議論にも参画しており，新規事業やM&Aのプロジェクトにも早期フェーズから関与する体制になっている。

インタビュー・————————————————————————————●

■　話し手

法務・コンプライアンス部　統括部長　持田　義徳　様

法務組織の特徴・————————————————————————————●

—貴社の法務組織の成り立ちを教えてください。

　ソニーグループには，主として私たちの半導体を含めた6セグメントの事業があり，各事業の中に法務・コンプライアンス機能があります。

　ソニーセミコンダクタソリューションズは半導体セグメントの事業会社で，2019年に法務・コンプライアンス部が設置されました。当時，ソニーグループや半導体事業内の関連部署から異動したメンバーを中心に組織が立ち上げられ，その後，法務やコンプライアンス経験者の中途採用やソニー内での異動により，機能を強化してきました。

—貴社の法務組織の特徴を教えてください。

　法務・コンプライアンスの専門家である以前に，ソニーグループの半導体事業に携わる社員であるという意識のもと，事業に当事者として関わっています。その際には専門部署としての本来的な価値を出すこと，すなわち確認される事

実に法令・社内ルールを当てはめて，自分たちなりの分析・評価を行い，社内の関係者にわかりやすく伝えることを重視しています。また同時に，事業の適正さに関する事項について，他にコメントする部署がある時もない時も，法務・コンプライアンスの枠にこだわらず，自分たちなりに考えた事項を指摘するようにしています。

　例えば，人権，環境などサステナビリティや経済安全保障に関するリスクが，リーガルリスクとまでは言えない場面でもレピュテーションリスク・事業上のリスクになり得ることが見込まれる場合は，必ずしも法的な課題でないかもしれないことも明確に伝えた上で，「事業に貢献」することを念頭に意見を伝えるようにしています。究極的に会社のミッションや利益に適っているかがポイントになります。

役割を自ら限定せず，サステナビリティに関わるコンプライアンスリスクにも能動的に対処 ●────────────────────●

—サステナビリティに関わるコンプライアンスリスクに対して，どのような方針で対応していますか。

　法務・コンプライアンスの役割を自ら限定せず，事業目標の実現のために必要な支援・助言等を積極的に行っています。すでに法制化されているハードローのみならず，サステナビリティや倫理の領域を中心に法制化前ながらも世間動向で期待されるソフトローも視野に入れて対応しています。

　このような領域では，どこまでが許容範囲と整理するかは簡単ではありません。他部門にリスクを伝える際には，受け手に寄り添ったコミュニケーションを重視しています。また，法律相談等の場面のみでなく，雑談の中でもさりげなく課題意識を共有するなど，地道な活動によりリスクの認識共有を図っています。

—具体的にはどのような取組みをしていますか。

　特にリスクが高いと考えられる取引の類型を特定した上で，違法な取引を未

然に防ぐため，デュー・ディリジェンス（精査）を実施し，適切な措置を取っています。

デュー・ディリジェンスの実施にあたっては，グローバルの動向をみて，先読みした上で，経営層や事業部門に対して，実施すべき対応を提言しています。人権デュー・ディリジェンスや環境デュー・ディリジェンスなどは，日本では法規制になっていないテーマですが，欧州では法制化が進んでいます。欧州視点では法的リスクであり，日本の会社では法的リスクにはならなくともレピュテーションリスクになりえ，海外事業の制約になることから，社内での対応を提言しています。

サプライチェーンの上流である仕入れ先のみならず，サプライチェーンの下流である販売先についても，どのような取引先にどのような用途で自社製品が使われているかについて留意しています。これらの情報が適宜経営層において共有される状態を創り出すことが重要だと感じています。

―取組みはどのような方法で推進していますか。

法務・コンプライアンス部は社長直轄の部署なので社長とも直接議論しながら取組みを進められるものの，実行に際しては関連部署との連携が欠かせませんので，関係者と緊密に連携して取組みを進めています。

なお，これらの分野での取組みについての対外的説明は主に広報管轄部署との連携が中心となります。人権・環境分野において活発な提言をするNPO法人や投資家への対応などを含め，当部にもできることは何かを日々考えながら取り組んでいます。

―経済安全保障分野に取り組む上でどのようなことに留意していますか。

経済安全保障は法規制対応の背景として国家間の国際政治の色合いが強く，自社が国家間の利害の間で板挟みになる可能性があるため，政治的な動向とそれに基づく法制の動向を早期に把握し，分析して対応することに留意しています。

—経済安全保障分野における取組みはどのようなものですか。

　経済安全保障分野では，贈賄防止やマネーロンダリング防止でのアプローチと同様に取引先に係るリスクマネジメントやステークホルダーコミュニケーション等といったさまざまな側面から総合的な支援を提供しています。

　取引先に係るリスクマネジメントとしては，取引開始時にリスクベースでの精査手続・事前承認などを行うだけでなく，取引継続中はレッドフラグの監視や定期的な精査を営業や貿易管理に携わる部署の関係者と連携して行っています。

　投資規制や輸出規制によって一定の経済圏が形成されつつあるとの見方もあり，事業展開においていかにインパクトを少なくするかを検討する必要があります。リスクが顕在化する局面において速やかな対処ができるよう，情報収集と社内での発信に取り組んでいます。情報収集は自部署でも行いつつも，ソニーグループの関連部署，自社の渉外部署とも連携をしています。

　ステークホルダーコミュニケーションとしては，他のステークホルダーの利害，ソニーグループのスタンスの範囲内で規制当局ともコミュニケーションできるよう他部署と連携しています。対外的な発信については，適切なコミュニケーションがなされるよう，広報部署と連携をとりながら対応する体制となっています。

社長直轄の組織で関係各所と連携

—事業会社の組織に関して，経営層や事業部門とどのように連携していますか。

　法務・コンプライアンス部の部長は半導体事業のグループ経営の会議体に常任メンバーとして参加しています。経営層にタイムリーに情報提供，提言を行うことで，グループ全体に情報を浸透させることができますし，それを行っていく責務があります。社長への口頭での定期報告の機会があるので直接課題を報告し，指示を受けることもあります。急ぎの案件の対応では定期報告のタイミングを待たずに，指示を仰ぐこともあります。

—法務・コンプライアンス部門が事業に貢献するために，必要なことは何ですか。

　ソニーグループ全体としてのパーパス，ソニーセミコンダクタソリューションズのミッション，さらには部署のミッションを大きな指針とした上で，それらの共通言語を念頭に，足元での日々の判断や実行することが必要だと考えています。また，社内の経営層や事業部門の関係者と真摯に闊達な意見交換をしやすいチームであることも重要だと考えています。

—貴社の法務・コンプライアンス部が果たすべきミッションはどのようなものですか。

　「経営・事業の目標の達成」「遵法オペレーションの確保」「リスクマネジメント」の３点に貢献することを法務・コンプライアンス部のミッションとしています。

　事業に寄り添うことと，法令遵守を徹底することのバランスについては，プライオリティを付けることで対応しています。特に，贈収賄や独占禁止法違反といった企業倫理が問われる重大な法令違反，各国・地域が注視しているプライバシー法制や経済安全保障法制には注意を払っています。

　ソニーグループ全体としてのパーパス，自社や部署のミッションを照らし合わせることで，立場や役割が異なっていても，大きな認識のズレが生じることはないと考えています。

—ソニーグループ本社とはどのように連携していますか。

　ソニーグループ本社は各事業会社に対し，「リードし，支援する」姿勢を重視しています。法務やコンプライアンス部署においては定性・定量基準に応じて，決裁に関わる権限範囲が定められています。

　ソニーグループ全体の動きと連動するために，意見照会することもあり，定期的にソニーグループ本社の役員への報告・相談の場が設けられているほか，年に一度はグローバルベースで法務・コンプライアンスやプライバシー領域に

おけるシニアマネジメント数十名が集まって，その時点での法制動向や事業への影響などを議論してコミュニケーションをとりながら共通認識を形成する場が設けられています。

盛田昭夫氏在職時から続く事業に寄り添う法務の体現 ●────────●

―事業に寄り添う法務として，どのような支援をしていますか。

　ソニーの創業者である盛田昭夫氏が経営者であった頃から，法務を重要な経営機能と位置づける企業風土があり，経営層・事業部門と活発な意見交換をしながら，事業に寄り添い，支援してきました。

　例えば新規事業では，個別の法律相談・契約書審査依頼を受けるだけでなく，プロジェクトチームに参画して継続的に情報共有しながら支援します。ビジネスストラクチャ検討時の法的助言においては，事業部門の意向を尊重しつつ，法的課題から事業部門の意向どおりには了承できない場合は，積極的に代替案を提案して事業を牽引するメンバーと一緒に議論するようにしています。

―貴社の中心的事業について教えてください。

　アナログLSIの事業もありますが，当社の事業の中心はイメージセンサーです。イメージセンサーを基軸にしつつ，現実世界をとらえるセンシング技術，とらえた世界をデジタルに再現する技術，また，AI関連技術は，今後のソニーグループ全体の成長をテクノロジーの面で支える役割を果たしていきます。また，これらは例えば自動運転車などにおいてもユースケースが多様化・拡大していくと見込まれます。

―事業支援時に大事にしていることを教えてください。

　新規事業開始の場面でも既存事業のユースケースの多様化・拡大の場面でも，ビジネスチャンスを逸することのないようにするため，「スピード感」を持った対応を大事にしています。特に，製品の販売であれ，他社への出資であれ，契約締結のための社内稟議・決裁においては法務の事前確認が必須となります

ので，事前にチェックする「権限」を有することの裏返しとしてリスクを回避しつつも早期に取引開始できるよう全力を尽くす「責任」があります。そのため，プロジェクトの早期フェーズから関与することで，案件に係る情報を事業部門の関係者から提供してもらうようにしています。必要に応じて，外部弁護士を起用して，意見を求めるようにし，また，ソニーグループ内の他の法務・コンプライアンス部門の関係者とも連携することもあります。

当社は半導体というテクノロジーを扱う会社です。昨今はAI倫理への意識の高まりや地政学リスク等，多様かつ複雑なリスクにも向き合うことになります。技術を理解した上で，これらリスクを分析・評価し，適切に対処していくためには時間が必要となる場面もありますが，事業部門の関係者と緊密にコミュニケーションをとり，競合会社に負けないためにもスピードを意識して相互理解を形成しながら対応しています。

―早期フェーズから関与するために工夫していることはありますか。

自分自身が当社の重要会議体に参加しており，中期計画や事業計画も含めて会議体の情報は，部内のマネジメントメンバーに必ず情報共有します。その上で関係者にアプローチするよう促していますが，その一方で，事業の動きや製造に係る投資計画といった情報を早い段階で現場から入手し，共有してもらうこともあります。大事なことは，どんな情報であれ，決裁・意思決定の支援を含めた法務・コンプライアンス部門の活動において活用して，タイムリーな支援に結びつけることです。

―事業支援にあたり，その他の工夫などはありますか。

私たちの組織は，老若男女，国籍，新卒・中途採用者，半導体事業での経験の有無，国内外の弁護士資格の有無など，多様なバックグラウンドを持つメンバーで構成されています。人材の「多様性」があることで，何かを見落とす「盲点」を減らす助けになります。異なる視点からの意見は全体の判断に際して参考になりますので，多様性を事業支援上の強みとして大切にしています。

情報の収集・発信や法的分析・評価の場面で，個人の「思い込み」のリスクを減らすことにもつながる強みと受けとめて部内でも強調しています。過去の経験の違いも尊重しますし，それがチカラになることもあります。

1つの例ですが，半導体の開発・製造・販売とは異なるビジネスモデルの新規事業を支援する場面において，グループ内でプラットフォームビジネスに携わっていたメンバーの経験を活かしてスピーディーに対応することができました。

もちろん，多様性は万能ではありません。共通認識の早期形成ができないといった側面もありますが，多様であることを部署の強みとする前提で運営しています。

そのためには，お互いの考え方の違いを知ることが重要ですので，あえて違いや違いの価値を認識する場を設けています。前年度には，職場意識調査の結果に基づき，意見交換の場を設けて部内のコミュニケーション促進を図り，この2023年度には外部講師を招いて多様性推進のためのワークショップを開催しました。部内の課をまたいだ横断的な組み合わせで少人数のグループに分かれて，全員が議論に参加することによって理解が進んだ部分もあると思います。もっとも，メンバーの出入りもあるため，このような活動は一過性のものにせず，地道に継続したいと考えています。

―最後に業務を行うにあたっての基本姿勢をお聞かせください。

法務・コンプライアンス部としての立ち位置，枠組みをしっかりと保ち，本来的な付加価値の提供に注力しながらも，1人ひとりが半導体ビジネスの一員として経営・事業のアジェンダを成功に導く当事者として関わるようにしています。

第 **3** 章

東京海上ホールディングス株式会社

―連邦制のガバナンス，海外拠点人材の活用による
グローバル連携―

法務組織概要	会社概要
■人数（2023年3月31日時点） 　東京海上ホールディングス　法務コンプライアンス部 　東京海上日動火災保険　法務部 　合計31名 ■業務内容 　法務相談，契約法務，コンプライアンス，紛争訴訟対応，金融規制対応，法規制の調査・情報収集，会社法務・組織法務，法務研修等に加え，M&Aにおける法的リスクのコントロールにも注力している。 　また，グループの情報セキュリティ管理や顧客保護の統括業務も担当している。	■事業内容 　東京海上グループ：国内損害保険事業，国内生命保険事業，海外保険事業および金融・その他事業を営む。 　東京海上ホールディングス：損害保険会社，生命保険会社，証券専門会社，保険業を営む外国の会社，その他の保険業法の規定により子会社とした会社の経営管理 ■従業員数（連結） 　43,217人（2023年3月31日時点） ■グループ会社数 　294社（子会社268社および関連会社26社）（2023年3月31日時点）

※本インタビューは，2023年3月までに実施されたもので，所属や役職などインタビュー当時の情報に基づいて記載しています。

取組みのポイント・

●他部門常駐・事務局参画によりM&Aへ積極関与：M&A実務を担う他部門

に常駐し，法務的な視点から恒常的にサポートを提供している。経営企画部門からの期待に応える形で，M&A案件を社内で審議するEntry and Exit（E&E）事務局等にも参画し，案件の審議にも関与している。

●連邦型のグローバル・ガバナンス：各グループ会社が地域特性や事業領域に適した戦略を追求できるよう，各グループ会社の自主性を尊重する方針である。組織体制の高度化に向けた，情報交換を円滑にする取組みが継続した課題であり，各グループ会社とのコミュニケーションを重視している。

●先進的な取組みを吸収：主要な海外グループ会社の法務コンプライアンス責任者が出席するGlobal Legal & Compliance Conference（GLCC）を対面やリモート形式で行うなどのコミュニケーション機会を設けている。関係性を構築したり，先進的な取組みを実施している海外グループ会社のナレッジをグループ全体で共有したりする場にもなっている。

●グローバル法務人材の積極登用：海外拠点の人材が東京海上ホールディングスの法務コンプライアンス部を兼務する形で活躍している。コンプライアンス責任者（Deputy Chief Legal & Compliance Officer（CLCO））やDeputy International Head of Legal and Compliance（IHLC））として登用している。

インタビュー

■　話し手

法務コンプライアンス部　部長　村田　喜昭　様
同　　部　　　　　　　　　企画グループ　グループリーダー　松井　大輔　様
同　　部　　　　　　　　　グローバルグループ　アシスタントマネージャー
　　　　　　　　　　　　　　　　　　　　　　　　　　　　佐藤　亮太　様

法務組織の特徴

—貴社の法務組織の特徴を教えてください。

　当社の法務コンプライアンス部門の特徴として，M&Aへの関与と，海外拠点との連携に力を入れている点があります。

第 3 章　東京海上ホールディングス株式会社　197

　法務コンプライアンス部がこれらの領域に注力している理由は，東京海上ホールディングス（以下，「HD」といいます）の経営戦略を反映してのことです。

　当社は，経営戦略として日本の自然災害リスクと相関の低い海外ビジネスの拡大を目指し，グローバル規模でリスクを分散しながら企業価値を拡大することを掲げており，海外 M&A も積極的に行っています。

　そのため法務コンプライアンス部門としては，効果的な M&A に資するリスク管理に力を入れており，M&A にはデュー・ディリジェンスの段階から恒常的に関与しています。またグローバル連携を強化して M&A 後のリスクをコントロールしています。特に，グローバル連携に向けた各種の取組みの中でも，法人の枠組みを超えて海外人材を積極的に登用する取組みは，特徴あるものと考えています。

他部門常駐・事務局参画により M&A へ積極関与

—M&A においては，法務コンプライアンス部はどのような役割を担っていますか。

　案件の審議やデュー・ディリジェンスの段階から，恒常的に関与しています。案件の法的リスクをコントロールするために，必要以上のリスクテイクを制止したり，推進上の注意点を伝えたりするなどしています。特に一定の規模以上の案件には，法務コンプライアンス部がデュー・ディリジェンスの段階から全件に関与しています。

　PMI（統合後の業務運営）の段階では，PMI 自体の主管部門は事業部門になりますが，法務コンプライアンス部門は買収先のコンプライアンス体制の整備などをサポートしています。

—法務コンプライアンス部が M&A に恒常的に関与するためにどのような体制をとっていますか。

　M&A に恒常的に関与するために，関係部門にメンバーが常駐し，また

M&A 等の審議を行う委員会にも参画しています。

　M&A のデュー・ディリジェンス実務を担う HD 経営企画部開発チームには，法務コンプライアンス部のメンバー 2 名が兼務者として常駐しています。常駐メンバーは M&A 部門の日常業務（法務デュー・ディリジェンス，契約書作成，買収スキーム検討など）に関与し，法務的な視点からサポートを提供しています。

　また，M&A 案件を社内で審議する Entry and Exit 事務局（以下，「E&E 事務局」といいます）や事業投資委員会には，Chief Legal & Compliance Officer（以下，「CLCO」といいます）や法務コンプライアンス部のメンバーが参加しています。法務的な観点を中心に意見を述べることで，M&A 案件における法務面でのリスクを把握し，適切な意思決定を支援しています。経営企画部開発チームへの常駐は以前から行っていましたが，E&E 事務局に参画したのは2022年からです。

―E&E 事務局に法務コンプライアンス部が参画するようになったのはなぜですか。

　経営企画部門から，法務コンプライアンス部門を E&E 事務局に加えるよう意見が上がり，加わることになりました。M&A における法務面の重要度の高さを経営企画部門としても感じているということでした。

連邦型のグローバル・ガバナンス ―――――――――――――●

―グローバル組織間の連携については，どのような取組みを行っていますか。

　主要な海外グループ会社の法務コンプライアンス責任者が出席する Global Legal & Compliance Conference（以下，「GLCC」といいます）の開催や，海外法務人材の積極的な人材登用等さまざまな取組みを通して，グローバル連携の強化に取り組んでいます。これらの取組みにより，グローバル規模での情報共有や課題抽出が可能となり，グループ各社のコンプライアンスリスクの管理や，海外グループ会社によるベストプラクティスのグループ全体方針への反映

等に活かされています。

―どのような考え方に基づいて，グローバルなグループ組織連携を行っていますか。

　各グループ会社が自らの強みを活かし，地域特性や事業領域に適した戦略を追求できるよう，各グループ会社の自主性を尊重した連邦型のガバナンスを採用しています。例えば，HD の CLCO が法務組織の長の指名権を持つなどの強い権限を持つ運用は行っていません。肌感覚を大切にしてグループ会社を管理するため，同じ管理部門としてのつながりを構築できるよう，各社とのコミュニケーションを重視しています。

―具体的にはどのような取組みを行っていますか。

　当社では，自立性を重んじつつグループ各社との連携を強化するために，①事業運営形態，②ガバナンス体制，③組織・人材の 3 つの側面から取組みを展開しています。

　①事業運営形態においては，契約・訴訟対応などは原則として各グループ会社自身が対応することを尊重しています。ただし，東京海上グループに影響を及ぼす重大な訴訟については，HD にて報告を受けることとし，必要に応じて関与しています。

　②ガバナンス体制については，HD が各社に求める業務水準をコントロールスタンダード（管理標準）の中で定め，グループ会社に展開しています。このコントロールスタンダードが適切に機能するよう，グループ会社と十分なコミュニケーションを取り，内容の浸透に向けた取組みや見直しを随時行っています。特にリソースやノウハウ等の面で十分とはいえない中小規模の海外拠点において，こうしたガバナンス体制を高度化する取組みが重要であると認識しています。

　③組織・人材に関しては，HD とグループ会社の間で一方的な指導や情報提供をするのではなく，双方向でのコミュニケーションによる連携を重視してい

ます。特に海外グループ会社との連携に注力し，会議体における議論の共有や海外拠点の法務人材の登用を推進しています。これにより，お互いのナレッジ共有を図り，双方向の連携を強化しています。

海外グループの先進的な取組みを吸収

—コミュニケーション・情報連携するためにどのような機会を設けていますか。

コミュニケーション機会として，海外拠点の法務コンプライアンス部門のメンバーとの定期的な会議を設けています。主要な海外グループ会社の法務コンプライアンス責任者が出席するGLCCや，海外拠点の法務コンプライアンス部門のメンバーとの定例会議を設けています。

—GLCCはどのような役割を果たしていますか。

グループ会社同士で積極的に意見交換ができる場となっており，グループ会社間の連携を強化する効果があると感じています。

GLCCは年に数回程度開催されており，対面やリモート形式で開催しています。定期的に実際に対面してグループ会社同士で直接意見交換を行うことで，コミュニケーションしやすい関係性を構築する効果がありました。

GLCCでは，各社のコンプライアンスカルチャーを醸成するための好取組事例を共有したり，グローバル法務全体として検討すべきテーマに関する議論を扱っています。後者については，最近ではサステナビリティに関するコンプライアンスリスクや経済制裁などのトピックについて議論が交わされています。これらのテーマについては，グループ会社の成熟度や各国事情の違いを考慮しつつ，先進的な取組みを実施している海外グループ会社のナレッジをグローバル全体で共有する場としての役割も果たしています。

—GLCCの取組みを通して得た情報は，どのような場面で活用されていますか。

例えば，サステナビリティに関するコンプライアンスリスク管理等は海外で取組みが進んでいるため，HDが推進している取組みの方針を立てるにあたっ

て役立っています。

　加えて，法務コンプライアンス部門としてサステナビリティ委員会での議論への関与や人権分野での取組みなどを進める中で，GLCC においてグローバルレベルで収集した情報や課題を伝達しています。

　具体的には，GLCC で収集・交換した情報を人権施策のロードマップ作成に活かしたり，海外の法規制情報連携の取組みから得た情報を経営・人事部門に提供し，早急に取組みを進める必要があることを伝えるなどしています。

　海外の規制・取組み動向を踏まえて方針を立てることができ，タイムリーかつスムーズに対応することができています。

―情報連携のプラットフォームとして GLCC が設けられている一方で，定例会議はどのような目的のもと，実施されていますか。

　グループとしての各種施策を展開する際に，各海外拠点との信頼関係を個別に構築することを目的としています。特に，中小規模の拠点において，各拠点の課題や施策をタイムリーに把握・議論することに焦点が置かれています。

　具体的には，海外拠点の取締役会等の会議体において法務コンプライアンスマターとして上程される事案や，法務コンプライアンス上の課題や施策について議論されます。また，HD 側から情報共有等を行う機会としても利用しています。

　定例会議は，GLCC より高い頻度で開催しており，月次または四半期ごとに実施しています。

グローバル法務人材の登用と活用 ━━━━━━━━━━━━━━━━━━━━━━━━━━━━━━・

―海外拠点の人材登用の取組みについて概要を教えてください。

　海外拠点の人材に，HD 全体の法務コンプライアンス部を牽引する人材としても活躍してもらっており，Deputy CLCO などとして登用しています。登用する人材は，人物本位で選定しており，企業規模等の形式的基準では決めていません。グループ会社とコミュニケーションを図り，人物像を把握し，最終的

202 第2編 インタビュー編

にトップコミットメントで決定しています。

　海外拠点から登用している上記役職者と，HD 法務コンプライアンス部門のトップである CLCO との間で週1回の打ち合わせを実施しており，次年度の取組みや個別事案に関する協議などをアジェンダとしています。また，当社のグループ CEO の意向により，法務コンプライアンス関連の施策や個別案件等について Deputy CLCO などに意見を求める場面もあります。これにより，海外からの視点や専門知識を取り入れつつ，グループ全体の法務コンプライアンス戦略の策定に貢献しています。

―海外拠点の人材を活用することでどのような効果を感じていますか。

　海外の優秀な人材の専門的な知見をグループ全体の施策に活かすことにより，それがグローバル法務コンプライアンスのレベルアップにつながっていると感じています。海外拠点と密な情報交換ができ，これまで HD の管理が十分に行き届きにくかった領域で，Deputy CLCO などが知識・経験を活かして効果的な対応をとってくれています。

　Deputy CLCO などにとっても，グループ全体の業務に携わることはモチベーション向上につながっているようです。

　HD および海外拠点から登用している役職者の双方にとって Win-Win の取組みであると感じており，この仕組みを拡大していけるよう，試行錯誤しながら取り組んでいます。

第 **4** 章

株式会社東芝

―リスクマネジメント・コンプライアンスの徹底した
土台づくり―

法務組織概要	会社概要
■人数 　約70名 ■業務内容 　法務相談，契約法務，コンプライアンス，紛争訴訟対応，法規制の調査・情報収集，機関法務のほか，提携・M&A・海外進出等のグループ事業戦略の支援にも対応している。	■事業内容 　以下７領域で事業を展開している。エネルギーシステムソリューション，インフラシステムソリューション，ビルソリューション，リテール＆プリンティングソリューション，デバイス＆ストレージソリューション，デジタルソリューション，電池事業 ■従業員数（連結） 　106,648名（2023年３月31日時点） ■グループ会社数 　計253社 　（国内：88社　海外：165社） 　（2023年３月31日時点）

※本インタビューは，株式非公開化前の2023年11月までに実施されたものです。所属や役職などインタビュー当時の情報に基づいて記載しています。

取組みのポイント

●ガバナンスガイドラインにより適切な職務遂行を担保：2015年の不正会計問題以降，経営の透明性を高めるべく，機関設計・適切な取締役会の運営に積極

的に関与し，ガバナンスの着実な強化を図ってきた。「コーポレートガバナンス・ガイドライン」の制定などに加え，取締役会での円滑な議事運営に取り組んでいる。

●リスクマネジメント・コンプライアンスの徹底した土台づくり：主にインフラ系の案件の受注の是非を審議する受注政策会議や執行サイドにおける最高意思決定機関である経営会議等の会議体において法務目線でスクリーニングするなど，足元の案件のリスクを丁寧に読み解くことでリスクマネジメントに寄与している。また，会計コンプライアンスも含めて法務・コンプライアンス部が所掌し，コンプライアンス統括機能を果たしている。

●専門人材の採用・育成：内定時に法務・コンプライアンス部への採用が確定する部門採用を行っており，法務・コンプライアンス分野のキャリアに関心・素養のある専門人材の採用を積極的に行っている。採用後の人材育成では，全員を対象とする研修プログラムに加えて，米国留学制度の活用などにより，専門性と幅広い経験を両立する人材育成を行っている。

インタビュー

■ 話し手

法務・コンプライアンス部　バイスプレジデント　井上　隆之　様
同　　部　　　　　　　　　シニアエキスパート　郡司　由美子　様

法務組織の特徴

―貴社の法務組織の特徴を教えてください。

　コーポレートガバナンスの強化，リスクマネジメント・コンプライアンスの徹底に携わってきた点が特徴です。

　まず，ガバナンスの強化について，2015年の不正会計問題以降，東芝は取締役会の監督機能強化を進めてきました。社外取締役が過半数（取締役11人中社外取締役10人：2023年6月現在）を占めるなど，透明性の高い仕組みを採用しています。法務・コンプライアンス部は取締役会の事務局として，機関設計・

第4章　株式会社東芝　205

適切な取締役会の運営に関与してきました。一方で，内部統制推進の役割も担い，東芝グループ全体における内部統制システムに対する継続的なモニタリングや強化施策の展開に取り組んでいます。

　リスクマネジメントについては，経営会議に付議される前から法務・コンプライアンス部を含め，関係部門が関与し，リスクアセスメントを実施し，適切な検討や対応を促すなどの役割を果たしています。また，会計コンプライアンスも含め，法務・コンプライアンス部がコンプライアンス統括機能を果たしています。

　さらに，法務組織基盤の強化を図るため，部門採用や米国留学などを通じて専門性と幅広い経験の両方を重視した人材育成を行っている点も特徴です。

ガバナンスガイドラインにより適切な職務遂行を担保 ●──────●

―ガバナンス強化に向けて貴社はどのような取組みをしてきましたか。

　不正会計問題以前から，取締役会の監督機能を重視する指名委員会設置会社でしたが，問題以降，あらためてガバナンス強化を図ってきました。取締役会が監視・監督機能を適切に発揮できるよう，社外取締役の比率を過半数とし，企業価値を最大化することを検討するため，社外取締役のみで構成された特別委員会を常設するなど，経営の透明性を向上させるための取組みを推進してきました。

　また，当社のコーポレートガバナンスに関する基本的な考え方および仕組みについては，「コーポレートガバナンス・ガイドライン」を制定し，社内外に公開しています。

―法務・コンプライアンス部としてはどのような役割を果たしてきましたか。

　「コーポレートガバナンス・ガイドライン」の制定においては，案の作成，法的検討を担当しました。法務・コンプライアンス部は，経営企画部と協力して，取締役会の事務局を担当し，取締役会が適切に運営されるよう，案件・判断材料のまとめやトップマネジメントへの報告を担当しています。

―社外取締役の割合が高い中，取締役会や経営会議の運営に工夫されていることはありますか。

　取締役会の場での討議を尽くした上での合意形成が大変重要になります。取締役会の時間を十分に確保した上で，要領よく進められるように議案の順番も工夫しています。それでも議案によっては討議が持ち越しになることもあり，時間的な制約から，速やかに次の開催を調整しないといけない場合もあります。もちろん，取締役会で討議・報告する資料については，事前に電子的に全取締役に配布・共有し，当日は取締役会で集中的に討議あるいは決議できるようにしています。また，コロナ禍以降，Web会議システムを利用して，時差や場所を超えて取締役会を実施できるよう，工夫を重ねてきました。

リスクマネジメント・コンプライアンスの徹底した土台づくり ─────●

―リスクマネジメント・コンプライアンスの徹底に関して，法務・コンプライアンス部はどのような役割を果たしていますか。

　法務・コンプライアンス部は，経営会議等での意思決定に先立ち，リーガルリスクやコンプライアンスリスクのアセスメントを行っています。また，会社全体のコンプライアンス意識を高め，関係部門が各種施策を展開していくための，コンプライアンスの統括機能を果たしています。

―経営会議の意思決定については，どのような方法で関与していますか。

　経営会議においては，関係部門によるビジネスリスクの審査を行っています。法務・コンプライアンス部は，関係部門の一員としてビジネスリスクの審査にも関与しています。

　この審査プロセスは，大まかに3つのステップで進行しています。第1段階では，事業部門自体の経営会議等での審議と承認，第2段階ではコーポレートの関連部門によるビジネスリスク審査，最終的な第3段階では経営会議等での審議と承認が行われます。

　ビジネスリスクは各ステップで検討しますが，法務・コンプライアンス部が

行う第2段階での審査では，経営判断基準を考慮しつつ，許容可能なリスクの範囲，許容可能なリスクを超えた場合の対応策が明確かどうかを確認し，案件ごとのリスクやリスクが現実化した場合の影響の最大値を評価し，モニタリング項目も設定しています。契約条件や免責条件を確認し，リスク対応が十分でない場合には，事業部門に差し戻すこともあります。

　このように事前に適切なスクリーニングを経て会議体での審議が行われることで，リスクマネジメントを行っています。

―コンプライアンス統括機能とは，具体的にはどのようなものですか。

　コンプライアンス統括機能は，組織横断的なコンプライアンス体制の構築や施策の強化，コンプライアンス意識の浸透などです。法務・コンプライアンス部は，事務局として，東芝グループ全体を対象とする「リスク・コンプライアンス委員会」を年に数回開催し，コンプライアンスリスクについての状況や施策をトップマネジメントや関係部門と共有し，全社重点施策を定めて実施状況をフォローしています。この会議の準備として，コンプライアンスリスクの分野別に人事・総務部やサステナビリティ推進部，品質推進部といった各専門のコーポレート・スタッフ部門が主管する分科会が開催されますが，すべて出席しています。

　また，誠実で透明性の高い事業活動を行うための行動指針である「東芝グループ行動基準」を所管しており，コンプライアンス意識の醸成を図るための教育や情報発信を組織横断的に行っています。

　トップダウンの施策や教育だけでなく，内部通報制度のようにボトムアップで認識される課題も重要です。法務・コンプライアンス部は内部通報制度も所管しており，内部通報から得られた気づきや教訓を具体的な施策につなげていくこともあります。内部通報は海外現地法人も対象としています。

　2015年の不正会計問題以降，内部統制推進部門が中心となり会計コンプライアンスを優先的に強化してきましたが，2022年4月には，内部統制推進部門と法務部門が合併し，法務・コンプライアンス部となり，会計コンプライアンス

や内部統制推進機能も含めて全体を所掌することとなりました。

―組織横断的なコンプライアンス体制整備にあたって，本社・事業会社はどのように役割分担をしていますか。

　基本的には，本社のコーポレート・スタッフ部門が全社レベルの方針を策定し，各事業会社のスタッフ部門が，それを必要に応じて具体化し，各事業に特有のルールや手続を整備しています。例えば，本社主計部や財務管理部では全社統一の経理基準を定め，各事業会社の管理部門がそれを展開しています。また，特に重要なコンプライアンス関連の法令（独禁法，贈収賄など）に関しては，法務・コンプライアンス部が中心となり，営業部門や調達部門等の関係部門と連携してコンプライアンスプログラムを策定しています。東芝のリスクマネジメント体制は，いわゆる「3ラインモデル」となっており，各事業における法令遵守の責任は，第1ラインである各事業部門（リスクオーナー）が担っており，第2ラインのコーポレート・スタッフ部門および各事業会社のスタッフ部門は，リスクオーナーの管理状況を確認し，専門知識，支援，モニタリングの提供と異議申立てを行っています。さらに第3ラインの内部監査部門が全体の客観的な仕組みや実施状況をチェックし，独立的なアシュアランスと助言を行っています。各部門が明確な役割と責務を持ち，統制機能を発揮することで，効果的なリスクマネジメントを実現しています。

―グローバルコンプライアンス体制の強化に向けて，どのような取組みをしていますか。

　東芝グループは，各地域の統括会社を通じて法務・コンプライアンス体制を展開しています。北米，欧州，アジア・パシフィック，中国の4つの統括会社が存在し，現地のスタッフや，本社から派遣された駐在員がそれぞれの地域で活動しています。

　全社的な方針や施策は日本本社で策定され，各統括会社が具体的な規程の策定や各現地法人への展開を担当しています。統括会社はハブとして機能し，各

現地法人と連携しながら活動を進めています。

　本社の法務・コンプライアンス部と統括会社の法務責任者は情報交換の場を設け，コンプライアンス施策について議論する等，緊密に連携しています。本社では内部通報を海外グループ会社からも受け付けていますが，その一次対応は統括会社の法務部門が担当し，重大な内部通報については，本社と統括会社が協力して対応しています。

　引き続き連携を強化し，グローバルコンプライアンス体制を展開していく予定です。

―コンプライアンス意識浸透のため，どのような取組みをされていますか。

　前述しましたが，東芝では，誠実で透明性の高い事業活動を行うための行動指針である「東芝グループ行動基準」を定めており，これがコンプライアンスの基本的指針となっています。「東芝グループ行動基準」については，国内外の全従業員を対象に毎年教育を行っています。また，各スタッフ部門でも個別にコンプライアンス教育を実施しています。営業・調達などの職能別教育では，過去の不正事例を取り上げて教育を行っています。これらの教育の主催は営業部門や調達部門ですが，具体的な題材等は法務・コンプライアンス部が提供しています。法務・コンプライアンス部主催としては，毎年，輸出管理セミナーを実施しています。東芝では，1980年代後半の東芝機械ココム違反事件を契機とし，以来一貫して輸出管理の徹底に力を入れています。事件から数十年経ちますが，毎年，外部講師を招聘してセミナーを開催し，継続して意識を新たにしています。

　これらの教育やセミナーのほか，職場ミーティングを毎年実施しています。職場ミーティングとは，職場で起こり得るさまざまな問題について職場で話し合い，ともに考え，お互いの思いを共有していくものです。これにより，自分ごととして問題を捉えることができ，また，何でも気軽に相談できる職場環境を作り，コンプライアンス違反を予防することをねらいとしています。最近では，「内部統制と職場風土」や「従業員による不正（着服）」「秘密情報の管

理」等をテーマとした職場ミーティングを法務・コンプライアンス部主催で行いました。多くは法務・コンプライアンス部が主催していますが，品質不正をテーマとしたものは品質部門が主催するなど，他部門が主催する場合もあります。

これらは全従業員を対象としたものですが，コンプライアンスにおいては"Tone at the top（トップの姿勢）"が果たす役割が重要です。東芝では毎年，経営幹部向けのセミナーを行っていますが，そのテーマとしてコンプライアンスを多く扱っています。法務・コンプライアンス部でテーマを検討し，外部専門家等の講師と打ち合わせし，より良いセミナーになるように努めています。

専門性と経験の両方を重視した人材育成

—貴社の法務・コンプライアンス部が果たすべき使命はどのようなものですか。

企業価値を最大化し，企業を成長させるためのリスクコントロール（リスクテイクマネジメントを含む）と法務最適ソリューションの提供をミッションとしています。

また，経営と法務が一体となった経営法務を実現すべく，企業としての最後の良心（砦）として，意思決定に関与し，法的にダメかのみならず，正しいか否かを良心（"Do the right thing"）に照らして検討すること（ガーディアン機能）と主体的に事業部と一緒に案件を作ること（パートナー機能）をビジョンとして掲げています。

具体的な役割として，法務担当役員は執行役として経営の一翼を担い，経営会議や役員連絡会のメンバーとして積極的に活動しています。法務・コンプライアンス部としては，日々の事業において，単に契約書面だけでなく，事業全体を理解し，案件の初期段階からスキームの検討，法務リスクの最小化，交渉などに事業部門と協力して取り組んでいます。大型案件の受注時には受注政策会議にも参加し，法務の観点から意見や提言を行っています。

—貴社の使命の実現に向け，法務人材の採用・育成においてどのような取組み

をしていますか。

　法務人材の育成にあたっては，専門性と幅広い経験の両方を重視して取り組んでいます。新卒採用を含め，法務・コンプライアンス部への採用は部門配属を前提で行い，専門性を高めるための環境を整えています。人事ローテーションは，コーポレート法務と事業法務の間で行われ，コーポレート法務または事業法務，国内または国外，法務またはコンプライアンスなどの異なる業務に幅広く関わることができるように成長環境を確保しています。

　さらに，法務人材の成長を促すために米国留学制度を設けており，年に1名を米国に留学させています。米国の法規制は世界に大きな影響を及ぼすため，最先端の知識を学ぶことが重要と考えています。NY Bar（ニューヨーク州司法試験）やLL. M.（法学修士）の取得後にメンバーが国際的な法務業務に携わることを希望する場合には，事業法務に積極的に派遣しています。ニューヨークに再度派遣し現地弁護士として業務に従事するよりも，米国の弁護士の意見を社内の人間として知りつつ事業法務としての業務を進めることで経営法務の実現を目指してほしいと考えています。このように留学や研修で得た知見やネットワークをどのように会社に還元するかが重要だと考え，育成に取り組んでいます。

212 第2編 インタビュー編

第 **5** 章

日本マイクロソフト株式会社

―テクノロジーが未来にもたらす多様な可能性を 守り育てるためルール形成に貢献―

法務組織概要	会社概要
■人数 　12名 ■業務内容 　政策渉外・法務本部として，ビジネス戦略的案件を中心とした法務サポートや業務におけるコンプライアンス・サポート，ビジネスに関する政策・法規制への働きかけのほか，技術を通した社会貢献の推進も対応している。	■事業内容 　ソフトウエアおよびクラウドサービス，デバイスの営業・マーケティング ■従業員数（連結） 　3,040名（2022年4月1日時点） ■グループ会社数 　（日本マイクロソフト社のグループ会社数） 　計1社 　（国内：1社　海外：0社） 　（2023年6月14日時点）

※本インタビューは，2023年4月までに実施されたもので，所属や役職などインタビュー当時の情報に基づいて記載しています。

取組みのポイント

●**ルールメイキングに積極的に参画**：法務と政策渉外が一部署となっており，戦略的案件を中心とした法務サポートや業務におけるコンプライアンス・サポートに加え，ビジネスに関連する政策・法規制への働きかけも担当している。あるべき政策・規制の正解がない新しい分野での取組みが多く，多様な考え

方・価値観を取り込めるよう，多様性を重視したメンバーで当該業務を担っている。

●AIポリシーなど自主ルールをリード：新たなテクノロジーを導入する際には，倫理的な問題や人権侵害を防ぐため，責任あるAIの原則に則ったガバナンス体制を構築している。

●社内データを不正検知等に活用：AIを用いて，高度なデータアナリティクスを行い，不正検知，ルールメイキングその他業務効率化等に役立てている。

●グローバルで連携しテクノロジーの導入を推進：米国本社組織と各国・各地域の法務コンプライアンス部門の相互連携により，テクノロジーの導入をより効果的に推進している。

インタビュー

■ 話し手

執行役員（政策渉外・法務本部長），弁護士（日本・ニューヨーク州）

大島　葉子　様

法務組織の特徴

―貴社の法務組織の特徴を教えてください。

　まず，日本マイクロソフトの政策渉外・法務本部は，英語ではCorporate, External and Legal Affairs（CELA）という名称で，法務部門と政策渉外部門が同一本部内にあり，ビジネスの戦略的案件を中心とした法務サポート，業務におけるコンプライアンス・サポートに加え，ビジネスに関連する政策・法規制への働きかけ（ポリシーメイキング・ルールメイキング）も担当している点が特徴です。

　世の中を大きく変え得る最先端のテクノロジーは便利なツールにもまた危険な武器にもなりえ，世の中に送り出す際に責任が伴います。そのため，法規制が未だない領域にまで踏み込んで，人々の権利・社会を守る形でテクノロジーが世の中の利便性や経済性，安全性などの向上に活用されるためのルールを検

214 第2編 インタビュー編

討する必要があります。また，戦略的案件のお客様が新しいテクノロジー導入にあたって直面する法的な疑問や問題点について，お客様が判断するために有益となる情報や考え方を提供したりすることもあります。

さらに，自社の業務，例えば不正の検知やポリシーメイキング・ルールメイキングを行うにあたって，テクノロジーを積極的に活用している点も特徴です。米国本社のリーダーシップの下，各国や地域ごとのトレンドや知見を集積しながら，さまざまなレベルで連携して取組みを進めています。

ルールメイキングに積極的に参画

―ポリシーメイキング・ルールメイキングとしてどのような活動をしていますか。

日本マイクロソフトでは，公的機関に対する営業を行う公共営業部門とは別に，政策渉外部門が，政策や法規制の観点から日本政府や地方自治体，業界団体との関係構築，情報提供・問題意識の共有や意見交換をしています。ビジネスを展開する上での実感を踏まえて，政策・規制が必要または有益と思われる分野における問題意識や意見を伝えることを重視しています。特に新しいテクノロジーの分野では，実践的な政策実現のために，民間事業者の声を積極的に取り入れようとする立法府や規制当局の姿勢を感じています。

具体的なアプローチは，場面や内容に応じて異なり，政府当局や議員，大臣と直接面会することもあれば，業界団体を介して意見を伝えることもあります。また，人口減少，高齢化問題などの社会課題に対して，テクノロジーの活用事例を紹介したりすることもあります。

―具体的な取組み事例を教えてください。

例えば，サイバーセキュリティへの脅威に対応するためにも重要な，政府によるクラウドバイデフォルト原則（政府が取り扱う情報システムを検討する際にクラウドサービスの利用を第一候補として検討する方針）の推進支援に関わってきました。

マイクロソフトでは，サイバーセキュリティへの脅威に関する動向を収集・分析し，「Microsoft デジタル防衛レポート」として毎年まとめています。このレポートやその他マイクロソフトが収集・分析した情報を基に，各国におけるサイバー攻撃の特徴を政府関係者に提供し，サイバーセキュリティの重要性と防衛策を伝え，サイバーセキュリティ観点でのクラウドのメリットを提示するなどの活動を行ってきました。

また，クラウドは，経済安全保障推進法において，国民の生存に必要不可欠または広く国民生活・経済活動が依拠している重要な物資として特定重要物資に指定されているため，クラウド事業者として，さまざまなチャネルを通して，政府に対して規制のあり方についての情報と考えを伝えてきました。

―ポリシーメイキング・ルールメイキングはどのような体制で行っていますか。

ポリシーメイキング・ルールメイキングは政策渉外部門が中心となり，法務部門さらに，ビジネス部門とも適宜連携して行っています。

例えば，法令上報告義務がある事故があった場合の当局への報告の要否の分析は法務の担当領域であり，事故を踏まえた規制の改正は政策渉外の担当領域です。政府によって開かれる再発防止策と今後の法規制に関する検討は，同じ会議で行われることもあり，法務部門と政策渉外部門が一体となって対応することに大きな意義があります。

ビジネス部門との連携については，例えば，経済安全保障推進法の基幹インフラの規制に関するパブリックコメントを検討するにあたっては，ビジネス部門を通じ，クライアントの声を収集しました。

また，生成 AI に関して説明する際には，技術面の説明はビジネス部門が行い，政策渉外部門は「責任ある AI 原則」の取組みを政策的観点からお伝えしています。

―どのような人材がルールメイキングを担っていますか。

政府・国際機関，政策コンサルタント，政治家経験者などが自ずと多くはな

りますが，多様な考え方や価値観を取り込めるよう多様性のあるメンバーで構成することを重視しています。

生成AIのように誰も答えを持たない新しい分野の政策・規制の検討が必要であったり，また情報が陳腐化する速度が早かったりするため，専門性もさることながら，学ぶ意欲やコミュニケーション能力，さまざまな事象を関連づけて戦略的に考え，提案することができる能力が重要になります。

AIポリシーなど自主ルールをリード

—どのような考え方に基づき，AIなど新たなテクノロジーをサービスとして提供していますか。

AIを活用したテクノロジーをお客様に提供する企業には，倫理的な問題や人権侵害のリスクをあらかじめ検討し，対策を取る責任があります。すべてのリスクを完全に予測することは不可能ですが，想定外の事態が生じる可能性を考慮に入れたガバナンス体制と対応プロセスを整備し，リスクや課題をクリアしながら技術開発を進めています。

マイクロソフトでは，公平性，信頼性と安全性，プライバシーとセキュリティ，インクルージョン，透明性，説明責任を中核的内容とする責任あるAIの原則に則り体制を構築しています。これらの原則を実践に移すことで，お客様へのサービス提供において，倫理的な観点からも社会的責任を果たすよう努めています。

—AIに関する新製品・新サービスはどのようなプロセスで製品・サービス化されていますか。

AIに関する製品・サービス化に際しては，センシティブ・ユースに該当する事例について，米国本社がチェックを行います。このチェックはCELAだけでなく技術部門や営業部門など，さまざまな部門のメンバーが連携して行います。

サービスを提供しなかった事例としては，犯罪捜査への顔認識技術の利用が

あります。米国の事例で，警察から要望があり顔認識技術の利用を検討したものですが，技術の精度が高くても誤差による誤認逮捕のリスクを排除できないと判断し，提供を見送りました。

社内データを不正検知等に活用

—法務業務において，どのような場面でテクノロジーを活用していますか。

　不正の検知やポリシーメイキング・ルールメイキングの場面でもデータとテクノロジーを活用し，業務の効率化と最適化を目指しています。

　例えば，懸念がある案件やベンダー，不正な支払申請の検知において，AIを用いた高度なデータアナリティクスにより，写真や画像などの目視チェックでは異常を見落とす可能性のあるものも，効果的に異常を検知することができます。社内の不正な経費申請だけでなく，取引先管理，特に金銭支払に関する分析（贈収賄の観点を含む）にも活用しています。

　ポリシーメイキングにおいては，世界中の渉外部門から提供されるアップデートされた情報から世界的な情勢と傾向を分析し，全社的に連携して動く必要のある課題を抽出するなどの活用の仕方も検討しています。

　また，CELA全体で，積極的に自社の生成AIソリューションを活用し業務の効率化を図ることが奨励されています。法務業務の効率化に関しては，契約締結などプロセス回りが多いのが現状ですが，生成AIの到来を踏まえ，当部門でも，議事録等の文書や発表資料などの内容にも踏み込んだ形での活用を積極的に検討していきたいと考えています。

グローバルで連携しテクノロジーの導入を推進

—リーガルテックの導入はどのような体制で推進していますか。

　リーガルテックの導入を推進するためのリーガルオペレーションチームが米国本社に設置されています。リーガルテック導入においては，米国本社のリーガルオペレーションチームが推進するプロジェクトチームに日本を含め世界各国のメンバーが参画する体制で取り組む場合もあれば，横の連携またはボトム

アップにより，ある国または地域での成功事例を全社的に展開する場合もあります。

米国本社と各国または地域のCELA組織の相互連携により，各国または地域のトレンドや知見を共有し，リーガルテックの導入をより効果的に推進しています。

第 **6** 章

パーソルホールディングス株式会社

―「グループ全体の中長期的な企業価値の向上に貢献する」という目的のもと，プロアクティブに法務業務を実践―

法務組織概要	会社概要
■人数 　約30名 ■業務内容 　法務相談，契約法務，コンプライアンス，紛争訴訟対応，法規制の調査・情報収集，機関法務・組織法務のほか，M&A・投資・提携・新規事業の立ち上げなどの戦略法務に力を入れている。加えて，GRC本部として，コーポレートガバナンスも対応している。	■事業内容 　労働者派遣事業・有料職業紹介事業等の事業を行うグループ会社の経営計画・管理ならびにそれに付帯する業務 ■従業員数（連結） 　67,274名（2023年3月31日時点） ■グループ会社数 　計136社 　（国内：38社　海外：98社） 　（2023年10月1日時点）

※本インタビューは，2023年3月までに実施されたもので，所属や役職などインタビュー当時の情報に基づいて記載しています。

取組みのポイント

●**環境変化に応じ法務業務を変革**：定型的な業務をスリム化し，戦略法務やガバナンス等に関する業務へと業務範囲を拡大した。事業の多角化・グローバル化という要因があったため，定型業務から戦略法務等中心に，法務業務のあり方を変容させた。

●**「学習する組織」等を活用した組織開発とプロフェッショナル人材の育成**：

戦略法務やガバナンス等を担える組織とするために，経営戦略・外部環境を理解でき，自ら情報収集して動くことができるプロフェッショナル法務人材が必要となった。そのような人材に能力に見合った報酬を提示できるよう，他部門と協議し，人事制度の見直しを行った。また，人材育成にも力を入れている。チームとしての意識と能力を高め，互いに学びあうことで組織を強くしたいとの思いで，特に組織開発を重視している。

●**プロアクティブな法務**：「グループ全体の中長期的な企業価値の向上に貢献する」という目的のもと，「プロアクティブ」な法務コンプライアンス部門であることを大事にしている。仕事の意味は何か，それは必要な仕事か，を考えながら行動することを重視しており，事業環境が変わる中で，目的が見失われた仕事についてはやめる決断をしている。

インタビュー

■ 話し手

取締役・監査等委員　林　大介　様

グループ GRC 本部　本部長　菅　奈穂　様

法務組織の特徴

―貴社の法務組織の特徴を教えてください。

　パーソルホールディングスの GRC 本部では，法務機能とガバナンス（G），リスクマネジメント（R），コンプライアンス（C）の機能を一体的に担っています。

　契約審査業務等の定型業務が占める割合は全体の約 2 〜 3 割で，約 7 〜 8 割は戦略法務（M&A，投資，提携，新規事業立ち上げ）やガバナンス，リスクマネジメント，コンプライアンス等に関する業務です。

　当社に法務コンプライアンス部門を設置した2014年当時は，定型的な契約審査が大きな割合を占めていましたが，法務業務のあり方を変革し，定型的な業務をスリム化し，戦略法務やガバナンス等に関する業務へと業務範囲を拡大し

ました。グループの全体最適の観点から，ガバナンス，リスクマネジメント，コンプライアンスを一体的に整備・運用することが企業価値向上に資するという考えのもと，法務機能とこれらの機能を一体として運営しています。

環境変化に応じ法務業務を変革

―法務業務の変革のきっかけは何だったのでしょうか。

　事業規模の拡大です。元来，当社は，国内の人材派遣業を中核的な事業領域として事業を営んでいました。2013年に株式会社インテリジェンス（人材紹介サービス大手）を買収したことにより，総合人材サービス業へシフトし，事業規模が急拡大しました。そして，それ以降もM&A等による事業の成長を促進していくという経営方針のもと，事業の多角化・グローバル化が継続していくことが想定される状況でした。事業規模の拡大のなかで経営者がリスクテイクをするためには，信頼できる守りの体制が必要になります。こうした背景からガバナンス・リスクマネジメント・コンプライアンス機能が会社として重要になりました。

―法務業務の変革を実現できた要因は何ですか。

　事業の多角化・グローバル化に伴い，グループ経営の複雑性が増したことで法務機能の強化が必要となったこと，経営トップが法務機能の強化を支援したこと，CLO（最高法務責任者）を設置し，トップダウン型で組織を抜本的に変革したことの3点が要因としては大きかったと思います。経営トップの支援のもと，他の執行役員と協議しながら，会社の健全な成長のために法務がどのような役割を担うべきか定義していくことができました。

―変革にあたって，課題を感じていたことはありましたか。

　人材の確保が一番の課題でした。今でも人材の採用・リテンションには課題を感じており，継続して人材の採用・育成に力を入れています。

「学習する組織」等を活用した組織開発とプロフェッショナル人材の育成 •——

—法務人材はどのような方針で採用しましたか。

　企業規模の拡大による急激な環境変化の中で，従来の法務業務（契約審査，法律相談，紛争対応業務）に加えて，法令や事業環境の変化を察知し，変化に適応するために必要な経営課題を見つけ，解決策を実行することができるリスク管理組織であることが求められるようになりました。そのため，経営陣や事業部門に対して，法的リスクの助言を行うにとどまらず，経営層・事業部門と一体となって，グループ全体の価値創造に貢献することができるプロフェッショナル法務人材が必要となりました。ここでいうプロフェッショナル法務人材とは，リスクとリターンのバランスのもとで適切な判断を下せる人材です。

　一方で，プロフェッショナル法務人材をグループ内の異動配置だけで確保することが難しかったことや，法務をはじめとした GRC 領域の組織役割が急拡大していたことから，より専門性の高い人材を求めて，中途採用により外部から獲得しました。

　人材採用にあたっては，人事部門と協議の上，高い能力を持つ人材に対して，能力に見合った報酬を提示することができるような制度を導入しました。具体的には，法務コンプライアンス部門のあるべき機能からそれを実現するための人材要件を逆算して定め，具体的な職務とポジションを限定した上で，個人が担う仕事・役割・貢献度に応じて報酬が決まる制度としています。

　現在のパーソルホールディングスの GRC 本部は，弁護士事務所出身の有資格者のメンバーを含め，全員が法務領域でのキャリアを志向するプロフェッショナル人材です。もっとも，法曹資格がある人材のみを採用するのではなく，メンバーのバックグラウンド・経歴・年齢・性別等に偏りが生じないよう，バランスを考えて採用しています。現場理解や法務部での豊富な法務経験等，メンバーのバックグラウンドごとにそれぞれの強みがあると考えています。

—人材の獲得において，課題となった点はありましたか。

第6章　パーソルホールディングス株式会社　223

　当社の業務を担うにあたって，人材には高い能力・ポテンシャルが求められました。そのため，能力・働きに見合った給与を設定する必要がありました。専門人材採用に向けた待遇面の設計や，予算取り等に際して社内的な理解を得るために，人事部を含む関連部署との調整をする必要があり，当初は苦労しました。

　社内に対して，求められる成果に対する給与算出の必要性を説く一方で，採用した人材に対しては，実績・パフォーマンスが給与に見合ったものとなっているかを厳しく評価することで，社内での納得感を醸成してきました。

―採用した法務人材や他部署から受け入れた人材の能力開発は，どのように行っていますか。

　個々人の能力開発（例：外部の講座受講）もさることながら，組織としての能力開発を重視しています。法務の業務は専門性が高い一方で，タコツボ化しやすい側面もあるため，チームとしての方向性を揃える取組みをしています。

　具体的には，「学習する組織」という組織開発のメソッドを取り入れています。「学習する組織」とは，互いに意見を出し合いながら，新たな課題解決を導き出すためのコミュニケーションの手法であり，各メンバーがチームとして成し遂げたいことを引き出し，同じ方向を向きながら仕事に取り組むことができるようになることを目指すものです。

　この取組みには5つの柱がありますが，その中でも「ビジョンの共有」と「アフターアクションレビュー」を重視しています。アフターアクションレビューとは，計画策定時に意図していたこと，結果として起こったことを振り返りディスカッションすることです。言語化することで経験を学びとして定着させることができるほか，他のメンバーに経験を共有することで，組織全体の学びにすることができます。アフターアクションレビューを日常業務に取り入れ，定例での進捗報告ミーティングなどの中で行っています。互いに学びあい，相乗効果で組織を強くしたいという思いで力を入れています。

　また，環境変化が著しいこと，およびバックグラウンドが多様な人材が集

まっていることから、法務機能の役割、方向性を、メンバーとしっかりすり合わせることも、非常に重要だと考え、ビジョンの共有も随時取り組んでいます。

―メンバーのスキル向上のため、活用しているツールはありますか。

法務人材スキルマップを作成し、メンバーとコミュニケーションをとっています。法務知識にとどまらず重要なこと（ビジネススキル、コミュニケーション能力、事業部側との接し方）やメンバーに求める資質、日頃の業務遂行や価値創出に際して大事にしたい観点等が盛り込まれています。

法務人材スキルマップの作成にあたっては、ホールディングス全体における人材要件を参考に、中核事業会社のマネージャーとも議論しながら、法務人材向けに独自に策定しました。

―モチベーションを高めるために、どのような取組みをしていますか。

オーナーシップを持って、自らのキャリアを形成することができるような仕組みを設けています。キャリアパスと具体的な職務が紐づいており、会社都合による他部署へのローテーションは原則として行っていません。一方で、同じ組織に長くいると、成長曲線が緩やかになったり、キャリアパスへの不安感が出てきたりすることから、私たちホールディングス法務がハブとなって、グループ内（中核事業会社）の法務組織との人事交流や連携を強化し、メンバーに法務組織の中でも複数のキャリアパスを示すことができるように努めています。

さらに、社員が異動を希望する場合には、社内公募を利用して別のポジションに移ることを認めています。社員本人の資質を考えて、活躍できるキャリアを構築するための支援をすることが、組織として最も重要であるという認識を持っています。

仕組みを設けるだけでなく、マネージャーとメンバーとの1on1ミーティングを通じて、本人が志向するキャリアに合わせて適材適所で働くことができるよう対話を行っています。

プロアクティブな法務 •────────────────────────────•

―貴社の法務組織が果たすべき使命はどのようなものですか。

「グループ全体の中長期的な企業価値の向上に貢献する」ことです。法務のあるべき機能とは何か，この目的に照らして考えています。企業価値の最大化に貢献することができる業務であれば，所掌範囲を拡大することになってでも取り組む姿勢である一方，事業環境の変化により役割を終えた業務については，縮小・廃止しています。

―貴社の法務組織の目指す姿はどのようなものですか。

「プロアクティブ」な法務部であることです。プロアクティブとは，受け身ではなく積極的であること，外部環境変化を捉えて先を見越して行動することを意味しています。

グループ企業全体の価値向上に資するテーマや取組みはその時々によって変わるため，法律への理解があるだけでは足りず，社会に対してどのような役割を果たす必要があるのか，どのような方法で果たしていくのか考えていく必要があります。

―貴社の法務組織で重視している行動のあり方・価値観はどのようなものですか。

「仕事の意味は何か」「それは必要な仕事か」を考えながら行動をすることを重視しています。また，当然ですが，外部アドバイザー的な立ち位置で仕事をするのではなく，グループ企業の一員として企業価値を向上させる役割と責任を自分たちも担っているという自覚と志をもって，経営や事業部と一体となって仕事をすることが大事だと思っています。

―目指す姿や重視している行動のあり方を浸透させるため，どのような取組みを行っていますか。

部門長として，ありたい姿を言語化してメンバーに示すことは重要と考えています。ありたい姿に加えて，法務コンプライアンス部門として行う取組みの意義を全社の方針との関係性を踏まえ言語化し，伝えています。

もっとも，トップダウンだけではうまくいかないと考えています。各メンバーが方針に共感することが重要だと考えています。各メンバーの働く喜びと，トップの方針とが重なったときに，はじめて自発的に動くことができます。両者を重ね合わせることができるよう，やりがいを感じるポイントや，会社の中で評価・感謝される取組みが何であると考えているか等について，メンバー間で議論しています。この議論をするにあたっては，マネージャー陣の役割が重要です。各メンバーが，自身の仕事が人々の生活をより良くしているとの実感を得られるよう，仕事の意味について普段からコミュニケーションをとることが重要です。

―貴社における法務組織の役割は何であるといえるでしょうか。

自動車はブレーキを踏めばいつでも止まれるとわかっているから，スピードを出すことができるのであって，ブレーキのない車には，誰も怖くて乗れないでしょう。それと同じように，会社においても，きちんとした「守り」の機能があるからこそ，経営者はリスクをとって，「攻め」の経営判断を下すことができます。「守り」と「攻め」は表裏一体の関係にあります。法務コンプライアンス部門は，企業価値を支える土台となる社会的信用の維持・向上といった「守り」の機能をしっかり果たしつつ，経営陣による適切なリスクテイクを促し，迅速・果断な意思決定を支援する「攻め」の機能を果たすべきだと考えています。

第6章　パーソルホールディングス株式会社　227

228　第2編　インタビュー編

第 7 章

三井物産株式会社

―ビジネスの最前線で活躍するため，法務組織の改組や
「経営法務人材」の育成を実現―

法務組織概要	会社概要
■人数 　約170名（全世界） ■業務内容 　契約法務や法律相談等のビジネス法務，機関法務・組織法務，コンプライアンス，紛争訴訟事案等に対応している。特に，「攻めの法務」を掲げ，営業部門等と密に連携しつつ，グループのビジネス全体に主体的に関わっている点が特徴的である。	■事業内容 　金属資源，エネルギー，プロジェクト，モビリティ，化学品，鉄鋼製品，食料，流通事業，ウェルネス事業，ICT事業，コーポレートディベロップメントの各分野において，全世界に広がる営業拠点とネットワーク，情報力などを活かし，多種多様な商品販売とそれを支えるロジスティクス，ファイナンス，さらには国際的なプロジェクト案件の構築など，各種事業を多角的に展開 ■従業員数（連結） 　5,449名（連結従業員数46,811名） 　（2023年3月31日現在） ■グループ会社数 　連結子会社：国内87社　海外210社 　持分法適用会社：国内45社　海外171社 　合計：513社

※本インタビューは，2023年9月までに実施されたもので，所属や役職などインタビュー当時の情報に基づいて記載しています。

取組みのポイント

●**営業部門のよき伴走者を目指し事業本部制へ改組**：より一層営業部門に寄り添い伴走できる体制を目指し，地域を事業横断的に担当する地域制から事業本部ごとに担当する事業本部制へと移行。ハドルミーティングをはじめ，担当室を超えた組織横断のコミュケーションにも注力している。

●**経営法務人材の育成**：経営層の視点や議論を積極的に法務部員と共有することで，法務部員が経営者目線を意識して業務に取り組むように方向づけている。また，法務部員の個人目標を会社や部門の事業計画とアラインさせることにより，法務部員が独りよがりになることなく会社貢献の意識を高められるようにしている。ガバナンスに対する知見を武器に，経営企画部，人事総務部，IR部や監査役室などに法務部員を出向させ，幅広い分野で活躍できる経営法務人材を育成している。

●**社外弁護士の活用**：法律事務所に事業をより深く理解してもらい，会社の意思決定プロセスや仕事の進め方を踏まえたリーガルアドバイスを提供してもらえる関係を構築している。海外法律事務所との関係構築は海外拠点に在籍する法務部員が中心となって推進している。

インタビュー

■ 話し手

法務部　総合開発室長　板橋　健　様
同　部　企画法務室　次長　田中　紀久　様

法務組織の特徴

―貴社の法務組織の特徴を教えてください。

　三井物産法務部は，グローバルビジネスの最前線において営業部門に伴走すべく，高い感度をもってビジネス現場のニーズに応える法務組織を目指してきました。2017年には，より営業部門に寄り添った法務組織を目指し，それまで

230 第2編 インタビュー編

長年にわたり採用してきた，各室が担当する地域内のすべての事業を担当する「地域制」から，担当する事業本部の全世界のビジネスを担当する「事業本部制」に改組し，現在では6つのビジネス法務室がそれぞれ複数の事業本部を担当する体制になっています。従来以上に事業戦略の深い理解に基づいた法務支援を行うことが，改組のねらいです。

また，私たちは，部員1人ひとりが，ビジネスの最前線で活躍する「法律を最も得意とするビジネスパーソン」であると同時に，「経営法務人材」を目指しています。法務の専門性を活かし経営判断に寄与する経営法務人材の考え方は，当社現法務部長の高野雄市が法務人材育成ワーキング・グループ委員を務めた経済産業省の「国際競争力強化に向けた日本企業の法務機能の在り方研究会」における議論にも活かされました。

このように，組織・人材の両面から，深いビジネス理解に根差して法務の専門性を活かしながら当社ビジネスの実現に主体的に貢献している点が，私たち法務部の特徴です。

営業部門のよき伴走者を目指し事業本部制へ改組 ━━━━━━●

━地域制から事業本部制への移行によってどのような変化がありましたか。

組織改組以前より，事業本部の事業計画説明会に参加したり，事業本部の戦略企画担当部署と定期的な打ち合わせを持つことにより，会社のビジネスが進む方向性を見定め，当該ビジネス領域に専門性を有する弁護士を先回りして開拓するなど，「攻めの法務」の実現に向けた取組みを行っていました。そして，地域制から事業本部制への改組により，より一層営業部門に寄り添い伴走できるようになりました。地域制では，担当地域内のすべての当社事業に対応する必要があったため，各事業本部の事業理解は広く浅くなりがちでしたが，事業本部制へ移行したことにより，各事業本部とのコミュニケーションがより密接になり，深いビジネス理解に根差した助言や事業支援がしやすくなったと感じています。

―事業本部制への移行に際してご苦労なさった点と現状の評価，新たに見えてきた課題があれば，教えてください。

　地域制から事業本部制への移行は，「営業部門により寄り添う」ことを目指したものですが，組織体制を変えれば営業部門に寄り添えるというわけではありません。従前から行っていた事業理解に向けた取組みをさらに進め，事業戦略やパイプライン（中核）案件を議論する会議に各担当室が出席し，営業部門の事業戦略や事業・案件の理解をより一層深めるように意識しています。また，法務部に期待する役割について営業部門のニーズに真摯に耳を傾け，営業部門のよき伴走者となるべく地道な取組みを続けています。

　地域制から事業本部制への移行は，営業部門はもちろんのこと，法務部員からも幅広く意見を聴取し，議論に議論を重ねて決断しました。その際，事業本部制への移行後の地域専門性の維持・強化が懸念点の1つに挙がっていました。そこで，本店法務部内の地域専門性の維持・強化や本店法務部と海外法務拠点との間の地域専門性に関わる連携強化を目的として，各担当室の地域担当者が部門横断的に情報交換や情報発信・法務教育活動を行う「地域タスクフォース」を立ち上げました。地域タスクフォース活動には一定以上の効果があったと評価していますが，このような組織横断的な活動は，定期的にその意義や活動内容を見直していく必要があります。例えば，海外法令の動向については，各海外法務拠点から情報発信がなされていますが，事業本部制への移行により国内法務の専任組織がなくなったことで，日本法の改正動向のトラッキングの主体が改組前に比べて不明確になりました。グローバルな視点から，法務対応に必要な地域専門性がいつでも，どこでも，だれにでも入手できる体制や仕組みを維持・強化していくことは容易ではないと感じています。

　また，法務部員1人ひとりの立場では，当社ビジネスの全体像の把握が，少し難しくなったようにも思います。地域制の頃は，地域単位では当社のビジネスの全体像を把握できましたが，事業本部制に移行したことで，担当事業本部以外のビジネス活動を俯瞰的に理解することができる機会は減っています。他方で，実際のビジネスでは，事業部横断的な取組みも増えてきており，異なる

事業本部を担当する法務部の担当室間の効果的な連携とそれを可能にする仕組みが今後ますます重要になります。

―担当室間の効果的な連携など，組織間の連携強化に向けて，何か工夫をなさっていることはありますか。

　地域タスクフォース活動を通じた異なるビジネス法務室間の地域専門性の共有など，テーマごとに部門横断的なチームを組成しての取組みは従来から行っています。最近では，法務部員が室・担当を意識しすぎることなく各自の専門性や経験をより発揮しやすい自由なチーミングの構築を意図して，「ハドルミーティング」を採用しました。

　「ハドル（huddle）」という言葉は，アメリカンフットボールの試合中にフィールド上で実施する短時間の作戦会議から来ているそうです。法務部全体に議題と時間を告知し，参加希望者が自らの意思で自由に参加してよいことにしています。参加者は，自身の知識や経験を提供する目的で参加する者もいれば，自己研鑽の目的で参加する者もいます。会議時間は一応30分程度で設定していますが，会議が白熱して延長されることも珍しくありません。年次や業務経験が異なるメンバーが集うこととなりますので，参加者が発言を躊躇したり参加への敷居が高く感じられるものとならないようにファシリテーターが工夫しています。

　また，重要案件の共有会も月１回以上の頻度で開催しています。案件共有会は，部門横断的に法務部員が知っておくべき重要な法的論点を共有する目的のものもあれば，重要案件の審議においてマネジメント層がどのような議論を行ったかについて，法務部長から法務部員に共有するものもあります。後者は，「経営の視点」を法務部全体で共有することにも大いに役立っています。

―コーポレート各部との連携についてはいかがでしょうか。

　経済安全保障や人権・環境をはじめとするサステナビリティ課題など，コーポレート各部と連携する機会は増えています。例えば，経済安全保障について

は，複数のコーポレート部署が連携して経済安全保障・制裁対応チームを組成しています。法務部からも相当数の部員がメンバーとなり，全社対応体制の整備や個別事案の対応にあたっています。また，サステナビリティについては，明確な正解のない課題も多く，コーポレート部署の英知を結集して対応していく必要性を実感しています。このような新たな課題においては特に法的知見や法的思考が役立つ場面があり，法務部の貢献が期待されています。

また，ガバナンスについては，法務部として取り組むべき主要課題と考えており，他のコーポレート部署への法務部員の社内出向も含めて，関係部署と密に連携して取り組んでいます。ガバナンスは，法務部が最も得意とする分野の1つですから，課題に対する取組み方や対応の道筋を策定する段階で他のコーポレート部署をリードすることも多いです。

―グループやグローバルを意識した活動についても教えてください。

ニューヨーク，ロンドン，北京およびシンガポールをはじめとする海外法務拠点の法務組織およびコンプライアンス担当組織に法務部員を配置し，各地域におけるグループベースでの法務・コンプライアンス関連の取組みにおいて，リーダーシップを発揮してもらっています。また，国内グループ会社の法務担当者もアクセス可能な「関係会社法務担当ポータルサイト」を開設し，グループベースでの法務・コンプライアンス分野の連携を支えるツールの1つとして活用しています。海外でも，地域単位で同様のポータルサイトを活用してグループ会社を含むグループベースでの連携を進めています。分野によっては，グループ会社の法務担当者がより深い知見を有している領域もあるため，このような連携がますます重要になります。こうした取組みを進めることで，三井物産グループの法務人材の力をグループ，グローバルで発揮したいと考えています。

経営法務人材の育成 ————————————————————●

―「経営法務人材」の育成に向けて，国内外の法務拠点での勤務，他コーポ

レート部署への社内出向，グループ会社へのマネジメントとしての出向などを通じて法務部員にさまざまな経験を積ませる取組みを行っておられますが，これらに加えて，日頃からどのような取組みをなさってらっしゃいますか。

　法務部長は，投融資案件審議会，ポートフォリオ管理委員会，コンプライアンス委員会，サステナビリティ委員会など，会社としての重要な議論を行う会議体のメンバーでもあります。これらの会議体で交わされた議論について，法務部長から法務部員に意識的に共有することで，法務部員が経営層の視点や課題認識を自らの業務に自律的に活かすように意識づけています。

　また，「法務部長との車座」を1人あたり年2回以上開催しており，法務部員が日頃感じていることや考えていることに法務部長が耳を傾けることはもちろん，法務部長が部員に率直な考えを伝えています。経営層の法務部に対する期待などについても，このような機会に法務部長が部員に共有しています。

　加えて，全社戦略に沿って法務部の事業計画が策定されていますが，法務部員の1人ひとりが個人目標を立てる上でそれらを反映させています。法務部員の個人目標と経営方針や法務部の組織目標をアラインさせ，法務部員が会社経営に貢献していく姿勢がより意識づけられるようにしています。

　また，人材育成ということではありませんが，私たちは，経営法務人材の有用性や必要性について社内外のさまざまな機会を利用して積極的に発信しています。最近では，そのような考えに共鳴した方が当社法務部を特に希望して転職してきてくださるケースも見られます。

―法務人材の流動化も随分進んできています。法務人材の獲得・定着に向けて，何か工夫をなさっていることはありますか。

　人材の流動化は一定程度は避けられないと認識しており，新卒採用はもちろん，キャリア採用も年間を通じて行っています。

　リテンション（人材の定着）については，例えば，長期出張や海外研修の機会など，若手部員であっても存分に活躍できる機会を積極的に提供するようにしています。また，「働きやすさ」という観点からは，男女問わず育児休業の

取得が進んでいます。最近の1，2年では，期間の差異はあるにせよ，法務部員の育児休業の取得率はほぼ100％に達しています。上司と部下による1on1ミーティングは，多い室では毎週行うなど，多様な働き方が選択される状況におけるコミュニケーションの促進と個の把握を意識しています。

　また，中途採用や一般嘱託採用，法律事務所からの出向受入れも多いため，これらのメンバーのオンボーディング活動にも注力しています。中途採用者や出向受入弁護士は即戦力として活躍したいという意識が高いですが，会社独自のルールなどがスタートダッシュの障壁となりがちです。私たちは，OneNoteなどのツールを活用して，スムーズなオンボーディングに役立つ知識や情報を整理・共有し，すべての部員がいち早く活躍できる環境の整備にも力を入れています。

—国内グループ会社や海外現地法人など，経営に近いところで活躍する法務人材を多数輩出していらっしゃいます。どのような工夫をなさっているのでしょうか。

　コーポレートスタッフのリソースに限りがあるグループ会社や現地法人においては，法務部員は，契約書レビューなどの伝統的な法務業務だけでなく，業務，人事総務，事業管理，広報などの多様な業務を幅広く担わなければならないこともあります。

　法務部員が伝統的な法務業務の枠にとどまっていては，そのような関係会社や現地法人で活躍するチャンスを逃すことにもなりかねません。法務の専門性をバックグラウンドに，経営企画部，人事総務部，IR部や監査役室などで法務部員が活躍することによってさまざまな経験を積み，幅広い業務経験が次の活躍機会につながり，最終的には経営判断に直接関与する経営法務人材として会社経営に貢献できるようになることを目指しています。

社外弁護士の活用 ●─────────────────────────────●

—法律事務所を起用される場面も多いと思われますが，法律事務所の起用につ

いて考え方（基準など）があれば，お聞かせください。

　案件ごとに最適な弁護士を起用するということに尽きると思います。

　米国を中心とする海外では，多数の法律事務所との間にディスカウントプログラムを持っており，それらも考慮しながら起用先を選定しています。一方，ディスカウントの獲得も重要ですが，法律事務所に当社の事業や仕事の進め方をより深く理解してもらい，当社にとって最も有用なリーガルアドバイスを提供してもらえる関係を構築することを心がけています。

―国内外の法律事務所からの出向受入弁護士もたくさんいらっしゃいますが，出向受入弁護士に対して，法務部員とは異なる役割期待はあるのでしょうか。

　出向受入弁護士の方には，当社のビジネスや法務部の考え方を理解いただくことで当社のよき理解者となっていただけることを期待しています。

　案件のアサインメントにおいては，出向受入弁護士と法務部員と分け隔てることなく，同じ法務部員として，稟議への対応や法務部長に対する案件説明なども含めて業務を担当していただいています。一法務部員として法務業務を経験いただくことが，当社を深く理解いただくことにつながり，そうした経験を法律事務所にお持ち帰りいただくことで，当社に寄り添ったリーガルアドバイスを提供いただけることにもつながると考えています。

―新規の法律事務所の開拓に関して，どのような取組みをなさってらっしゃいますか。

　海外の法律事務所を中心にお話ししますが，海外法務拠点で勤務する法務部員を中心に，主要国・地域の有力法律事務所との関係構築や優秀な弁護士の開拓を継続的に行っています。関係会社からは，特定の業務分野や事業法令に精通した弁護士の紹介を求める声やコストパフォーマンスのよい法律事務所に対するニーズがあり，法律事務所や弁護士に関する情報は関係会社とも共有しています。

第 **8** 章

楽天グループ株式会社

—グループ法務連携とナレッジの蓄積・共有により
スピード感を持って事業を推進—

法務組織概要	会社概要
■人数 　約30名 ■業務内容 　法務相談，契約法務，機関・組織法務，コンプライアンス対応を行っている。新規事業立ち上げの支援，M&A やグループ内事業再編に係る法務相談も行っている。	■事業内容 　Ｅコマース，デジタルコンテンツ，広告などのインターネットサービス，フィンテック，通信等の事業 ■従業員数（2023年12月31日時点） 　単体：10,350名 　連結：30,830名

※本インタビューは，2023年９月までに実施されたもので，所属や役職などインタビュー当時の情報に基づいて記載しています。

取組みのポイント・

●**迅速な対応で「楽天エコシステム（経済圏）」の拡大を支援**：「楽天エコシステム（経済圏）」を形成し多岐にわたるサービスを展開する中，各グループ会社の法務部と連携し，幅広い領域の新規事業支援に取り組んでいる。

●**グループ全体の最適解に向けた連携**：グループ会社にも独自の法務組織があるが，グループとして一貫した対応ができるよう，意思決定のオプションを本社とグループ会社の法務組織で整理しながら密に連携を行っている。

●**ナレッジ共有，メンバー育成により組織能力を向上**：業務に必要な文書を随時蓄積するなど，ナレッジ共有の取組みを進めている。人事評価においても，ナレッジ共有をはじめとした「仕組み化」への貢献や，ビジネスを前に進める上での当事者意識といった観点を含めており，総合力を備えた人材の育成に注力している。

●**法務相談システムの活用**：法務相談用の社内システムを利用し，依頼の受付けや依頼部門とのやりとりのほか，法務組織内のナレッジの蓄積・共有に役立てている。

●**法務組織の行動指針の見直し**：法務組織としての理念を部内に浸透させるため，行動指針を策定し定期的に見直しを行っている。見直し時には，中堅や若手メンバーを巻き込み，議論を重ねている。

インタビュー

■ 話し手

法務コンプライアンス部　部長　　　　西川　夏子　様
同　　部　　　　　　　　ビジネス法務課長　原田　正美　様
同　　部　　　　　　　　コーポレート法務課長　貝間　仁　様

法務組織の特徴

—貴社の法務組織の特徴を教えてください。

　楽天は「楽天エコシステム（経済圏）」（以下，「楽天経済圏」といいます）を形成し，Eコマース，デジタルコンテンツ，広告などのインターネットサービス，フィンテック，通信など多岐にわたるサービスを展開しています。

　楽天の経営戦略を実現するため，幅広い領域において新しいビジネスモデルが次々と展開される中で，広範な法令や未知の問題に迅速に対応してきた点が特徴です。

—新規事業支援において，法務コンプライアンス部はどのような役割を担って

いますか。

　事業部門からの相談を受け，事業の法的リスクを評価し，対応方法について助言を行っています。スキームの検討や法令チェック，関係取引先との契約関係の整理なども事業部門と一緒に行っています。事業拡大のためには M&A を伴うこともあり，M&A に関連するサポートも提供しています。

―M&A 支援において，法務コンプライアンス部はどのような役割を担っていますか。

　M&A への支援では，買収後のビジネス展開において，当社の事業の方針やガバナンスの枠組みを踏まえて円滑な連携ができるよう，買収対象企業の事業概要，各種法令の遵守状況，契約内容等を確認しています。

　また，買収後の法務組織間の連携体制を検討するために，法務組織の体制や成熟度などについても確認します。これにより，本社または地域の法務組織がシェアードサービスとして法務機能を買収先企業に提供すべきか，それとも法務機能を独立して持たせるべきかを検討し，各グループ会社に適した体制となるよう支援します。

―新規事業支援や M&A の支援で役割を果たすために，どのような取組みをしてきましたか。

　グループで共通するリーガルイシューも多々あるため，グループの法務組織が一体となって事業部門にサポートを提供できるよう，連携を密に行っています。

　新規事業では，広範な法令や未知の問題にも迅速に対応する必要があるため，検討の早期段階から事業部門に相談してもらえるように工夫しています。

　多くの課題を解決しながら，楽天として実現したいことを少しでも早く進められるよう，事業部門と一緒に対応方法の検討を行います。

　楽天のビジネス領域は多岐にわたり，検討すべきリーガルイシューも多様ですが，日頃から各担当者が得た知見を部門の知見として活用するために，担当

者間でナレッジを共有し合うなど組織能力向上に向けた取組みを行い，事業部門からのさまざまな相談に対応できるようにしています。さらに，後でご紹介するように，法務相談用の社内システムを導入し，ナレッジの蓄積とコミュニケーションの効率化に役立てています。

　また，法務組織内で価値観を共有できるよう，行動指針を定めています。

グループ全体の最適解に向けた連携

―事業領域が多岐にわたり，多くのグループ会社を有する中で，各社の法務組織とはどのような体制で連携を取られていますか。

　楽天では，多くのグループ会社がそれぞれ独自の法務組織を有しており，各社のビジネス固有のリーガルイシューや日常的な法務相談に即時かつ柔軟に対応しています。他方で，楽天経済圏において，グループの経営に共通するリーガルイシューも多くあるため，その共通度に応じて各社の法務組織と適宜連携しながらグループ法務が一体となって事業側へのサポートを提供しています。

―グループ会社との連携強化に向けて行っている取組みについて教えてください。

　ナレッジ共有に関する仕組みづくりや定期的なコミュニケーションの機会を設けています。

　後にご紹介しますが，楽天の法務コンプライアンス部では，各種ビジネスに関わる法的な論点の検討経緯などを文書化・蓄積して部内で共有しています。これらのナレッジは，関係する国内のグループ会社の法務担当者との間でも適宜共有します。これにより，類似する論点に関する対応が必要になった際にも，過去の対応事例を活かして業務を効率的に進めることができます。また，グループ全体として一貫した対応を取るためにも役立っています。特に楽天経済圏の基盤である楽天会員に関するデータ利活用や楽天が提供する各サービスにおける法的な取扱いなど，共通の方針に基づく慎重対応が必要な場面で，情報共有の仕組みが役立っています。

コミュニケーションに関しては，グループ会社と本社の間で共通のツールを活用し，気軽に情報共有や相談ができる環境があります。新たな事業領域に挑戦していく中で，業務推進に際して担当者が抱える悩みなどを日常的に共有し合うことで，課題の早期発見につながっています。

―日常的な情報連携やコミュニケーションに加えて，本社・グループ会社間の連携を重視される場面にはどのようなものがありますか。

100％資本のグループ会社各社と本社との間で取引が発生する場合や，協働してサービス提供を行う際には，特に密に連携して業務を進めています。こうした場面では，両者の法的評価が互いに影響し合い，複数の論点が複雑に絡み合うことがあります。そのような場合には，取組みの全体像や，個社の利益を損なわずにグループ全体の最適解を導くための意思決定のオプションを本社とグループ会社の法務で整理した上で法的アドバイスを行うことで，事業部門のスムーズな意思決定を支援しています。

ナレッジ共有，メンバー育成により組織能力を向上 ────────●

―組織能力向上に向け，どのような取組みをされていますか。

楽天の法務コンプライアンス部では，事業部門への法務サポートに際して，事業ごとに担当者を配置しています。ビジネスモデルの異なる多くの事業領域をカバーするため，各担当者は，複数の事業を担当する一方，1つの事業ごとに必ず複数名で担当するようにしています。これにより，各担当者ができるだけ多くの事業領域を経験できるようにしつつ，各事業からの相談への対応において，担当者同士が互いに補い，助け合いながら成長できる仕組みを構築しています。また，案件の担当者を決定する際，関連する事業領域や法令の分野ごとに知見のある他の担当者をアドバイザーとして指定することで，案件を処理しながら専門的なアドバイスを受けられる体制を整えています。

そのほか，日常の法務相談を担う組織とは別に，法務機能に関わる企画業務を担う独立した組織を部内に設置しています。いわゆる「リーガルオペレー

ションズ」の考え方も取り入れながら，法務組織の諸課題への対応策を実行に移す専門チームの位置づけです。ナレッジ共有や法務の人材育成のための施策，リーガルテック導入の検討といった内部向けの施策のほか，事業部門向け法務セミナーの企画や，全社の各事業に影響がある法令改正対応の旗振り役を担うこともあります。法務の中堅・若手のメンバーが複数名兼務する形で運営していますが，それぞれがプロジェクトリーダーとして，法務コンプライアンス部のメンバーや事業部門を巻き込んで各施策を推進します。こうした組織全体のための活動を行う経験を積み重ねることにより，ビジネスを成功に導くビジネスパーソンとしての総合力が磨かれていくことも期待しています。

―メンバー間のナレッジ共有に際して行っている取組みの例にはどのようなものがありますか。

　担当する事業やサービスの概要を法的な観点でまとめた資料や重要な法的論点の検討経緯，外部弁護士の助言等を記録した文書を，随時蓄積する取組みを進めています。この取組みにより，担当者が変わったとしても，状況変化に伴うリーガルイシューを見落とすことを防ぎ，新たなビジネスモデルの検討を行う際にも，過去の事例の蓄積を踏まえたより精緻な検討が可能となるため，担当者による対応内容のブレを減らし，業務スピードを向上させることができると考えています。

―メンバーの育成に向けて，注力している取組みについて教えてください。

　楽天では，事業成長を支えるため，法務における専門性だけでなく，ビジネスやイノベーションへの熱意も重視しています。人材評価においても，法律知識や契約書ドラフティング等のスキルのみならず，法務が組織として力を発揮するための「仕組み化」への貢献や，ビジネスを前に進める上での当事者意識といった観点を含めています。

　組織として力を発揮するための「仕組み化」には，業務を効率的に行うための工夫や，他のメンバーの教育・指導，ナレッジの蓄積・共有などが含まれま

す。各人がこれらの観点での目標を設定して，日常の業務に落とし込んでいきます。その結果，例えば，先輩社員が若手社員向けに，各種法令の基礎知識や実務的なノウハウに関する講義を随時行い，これを動画にして蓄積する，という仕組みができています。こうした仕組みは，毎年新しく入ってくる新卒・中途入社者の初期研修において，既存メンバーの負担を軽減しながら，新メンバーが楽天の法務として必要な基礎的な知識を早期に獲得することに役立っています。

　当事者意識の観点というのは，例えば，依頼部門からの相談を受けて，問われたことにのみ回答するのではなく，自ら必要な情報を取りに行き，課題を整理して関係者を巻き込みながら目的の達成に向けて動いているかを評価します。これを実行するためには，法務の専門スキルだけではなく，情報を集める力，相手に伝えるべきことを的確に伝える力，課題を発見して行動計画の設定とその実行につなげる力，そのためのプロジェクト管理やプレゼンテーションのスキルを含め，ビジネスパーソンとしての総合的な能力が求められます。

　これらの観点での自己研鑽や経験の積み重ねにより，ビジネスの成長に貢献する法務プロフェッショナルとしての成長が促されることを期待しています。

　なお，楽天の法務担当者としての具体的なスキルの向上を支援するために，業務領域ごとに，経験年数に応じて身につけることが期待されるスキルをまとめた人材育成のロードマップを作成しています。各担当者はこうしたものも参照し，日常業務における具体的な行動について上長の助言を得ながら，法務担当者としての能力を向上させていきます。

法務相談システムの活用

―法務相談用の社内システムの概要を教えてください。

　2016年11月から，法務相談用の社内システムを導入しています。このシステムの導入により，依頼の受付けや担当者の決定，依頼部門とのやりとり，案件ごとの進捗管理などを一元的に行えるようになりました。過去の検討事例の検索が容易になり，過去の経験や経験豊富なメンバーのノウハウが全体に活かさ

れるようになったことに加え，事業部門別の依頼状況や法務担当者の業務負担の状況をデータとして把握・分析することが可能になったことなど，副次的な効果も大きかったと感じます。

―本システムを導入する前に抱えていた課題について教えてください。

　以前は，法務相談をメールで受けていましたが，新しいメンバーが過去のやりとりの経緯を把握できない点や，契約書の締結管理のためにメールで受けた案件の情報を別のデータベースに移し替える必要がある点など，法務相談の非効率が生じていました。楽天の事業領域が急速に拡大している中で，法務相談に対するスピードがより求められるようになり，これらの非効率の解消が法務にとって重要な課題と認識していました。

―本システムはどのようなプロセスで導入されましたか。

　主な流れとしては，「課題抽出」→「要件定義」→「ツールの検討」→「導入」の4つのステップで検討・導入を行いました。

　課題抽出と要件定義の段階では，法務組織内で議論を重ね，業務の流れを整理しながら，日頃実現したいと思っている点を洗い出しました。法務相談の一連の業務の流れを軸として，契約書締結に関する内部管理用の機能やきめ細かいアクセス管理の設定といった必須要件に加え，依頼部門側が，依頼内容をできるだけ負担なく，わかりやすく記入できるようにするための依頼フォームの工夫など，細かいところまで要件を明確にしていきました。

　ツールの検討と導入の段階では，複数の選択肢について検討しましたが，結局，追加コストを最小限に抑えながら目的を達成できる方法として，会社がすでに契約している既存のプロジェクト管理用のツールをカスタマイズして導入することにしました。導入にあたって最も労力を使ったのは，そのシステムを関係者に使ってもらうための浸透活動です。同システムを覚えてもらうために愛称をつけ，使用方法のマニュアルを作成し，法務コンプライアンス部内向けと依頼部門向けにも，繰り返し説明会を行いました。

法務組織の行動指針の見直し

―行動指針を定めた目的について教えてください。

　当社は，毎年新卒や中途入社のメンバーが入ってくるため，継続的に法務サービスのあり方を明確にする必要がありました。初めて行動指針を制定した後も，数年ごとに見直しを行い，現在の行動指針が定められています。AIに代表されるテクノロジーの進展や社内外の状況の変化を考慮し，企業法務のあり方を再定義し，日常業務に具体的に適用できるよう，さらなる見直しを行う予定です。

―行動指針の浸透に向けて行っている取組みについて教えてください。

　当社では，新しく入社したメンバーに対して，入社時に行動指針の説明を行っていますが，指針が各人の意識に十分に浸透するためには，各人が日常の具体的な行動と紐づけて理解することが必要であると認識しています。

　行動指針の見直し時には，中堅や若手メンバーを巻き込み，議論を重ねていますが，それぞれが日常業務の中で遭遇する場面を想像しながら議論に参加することは，楽天の法務組織としてのあり方を自分事として考え，理解する契機になるものと考えています。

　また，評価面談等の機会を通じて，行動指針を，各人の目標設定や振り返りにも活用していきたいと考えています。行動指針を具体的に自らの行動に落とし込むことで，その成長も促されます。行動指針の浸透により，組織全体としての能力を高めることを目指しています。

246　第2編　インタビュー編

第 **9** 章

株式会社 LIXIL

―リーガルトランスフォーメーション＆オペレーションズ 組織を通じた業務改革―

法務組織概要	会社概要
■人数 　約110名（国内約60名，海外約50名） ■業務内容 　法務相談，契約法務，コンプライアンス，紛争訴訟対応，機関法務・組織法務その他ガバナンス，法務研修，データプライバシー，リスクマネジメント，保険管理等。 　また，リーガルトランスフォーメーション＆オペレーションズ組織を設置し，業務効率化を推進している。	■事業内容 　住宅建材・設備機器の総合メーカーとして，トイレ・浴室・キッチンなどの水回り製品や，窓・ドア・インテリアなどの建材製品を提供。 ■従業員数（連結） 　51,501人（2023年3月31日現在） ■グループ会社数 　約200社（子会社159社および関連会社41社）（2023年3月31日現在）

※本インタビューは，2023年6月までに実施されたもので，所属や役職などインタビュー当時の情報に基づいて記載しています。

取組みのポイント

●ステークホルダーのヒアリングを踏まえたパートナー機能の発揮：全社的な変革と経営戦略を実現するために，ビジネスパートナーとしての法務機能強化に向けた組織変革を実施した。法務部員との個別面談のほか，各事業部および間接部門ならびに海外拠点のリーダーへのヒアリングと，国内外の優良企業の

ベンチマークを行い，法務部門の課題を抽出した。経営戦略を実現するために法務部門に期待される役割と特性を定義し，ミッション・注力分野／KPOとして部門の戦略を示した「LIXIL Legal Playbook」に明記，浸透を図っている。

●**グローバルでの One Legal チーム**：本社法務部門の6つの機能別部署と海外拠点の法務部は本社法務担当役員直下のレポーティングラインとした。コンプライアンス分野の取組みを推進する CoE（Center of Excellence）組織の設置，海外人材の登用，その他専門性や得意分野に応じて地域を超えたアサインメントを行っている。

●**専任組織によるリーガルオペレーション改革**：法務部門の効率性・生産性向上と人材・組織開発を専属的に推進する，いわゆるリーガルオペレーションズ機能を果たす専任組織（リーガルトランスフォーメーション＆オペレーションズ）を設置した。専任組織の人員は，法務部門内のメンバーで構成することで，法務サービスの提供者と受領者のニーズに適合したデジタル化やプロセス改善を行っている。

インタビュー

■ 話し手

執行役専務　法務・Compliance・内部監査担当　兼
Chief Legal and Compliance Officer，弁護士（日本・米国ニューヨーク州）

君嶋　祥子　様

法務組織の特徴

—貴社の法務組織の特徴を教えてください。

　当社法務部門の特徴的な点としては，第一に海外各地域の法務部門が各地域の事業部門ではなく本社法務部門に直結の組織となっており，「One Legal」として一体感ある組織作りを進めていること，第二に法務業務の効率化と生産性向上を主眼にいわゆるリーガルオペレーションズ機能を専門的に果たす部署を設置していることが挙げられます。

1 One LIXIL, One Legal

経営環境の変化に応じて法務部門に期待される役割は拡大・複雑化の一途です。限られたリソースで社内クライアントのニーズに応え高品質の法務サービスを提供していくために，断続的に組織の見直しを行い法務機能の強化に取り組んできました。

特に2019年以降，会社全体がよりアジャイルに，価値を生み出す企業に変わっていこうと改革が進む中で，各事業部・グループ各社のコーポレートファンクションを本社直結の組織に変更しました。法務部門も，"One LIXIL, One Legal" として，ビジネスパートナーとしての付加価値を事業部門に提供する一体感ある組織として活動できるよう，さまざまな取組みを試行してきました。

2 リーガルトランスフォーメーション＆オペレーションズ

法務部門に期待される業務は，従来の伝統的な業務に加え，内容的には環境，人権，データプライバシー，サイバーセキュリティ，生成AI，経済安全保障など新たな重要課題が加わり，守備範囲としても，グローバルでのグループガバナンス，サプライチェーンマネジメントやポリシーメイキングまで広がっています。こうした事業環境の変化や事業戦略の進化に伴い，法務部門が高付加価値業務に優先的に取り組むためには，非効率なプロセスや情報管理の改善，重複作業の解消などは喫緊の課題です。そこで，CLCO（Chief Legal and Compliance Officer：最高法務コンプライアンス責任者）直下にリーガルトランスフォーメーション＆オペレーションズというリーガルオペレーションズ機能を果たす専任組織を設置し，変革を推進し業務プロセスの改善やデジタル化による法務業務の効率化・生産性向上と法務人材・組織力強化に取り組んでいます。

ステークホルダーへのヒアリングを踏まえたパートナー機能の発揮 ──

──法務組織としての変革のきっかけは何だったのでしょうか。

株式会社 LIXIL は日本の住設機器メーカー 5 社の統合により2011年に誕生しました。国内新設住宅着工戸数の減少傾向を背景に海外に事業成長機会を求め，2013年以降複数の海外大手住設機器メーカーを買収し，グローバル化を推進してきました。それぞれの企業グループの主要子会社には法務部門があり，緩やかなインテグレーションが行われてきました。

一方，海外 M&A によって組織が大きく成長し，経営戦略を実行していく中で，シナジーを活かし切れていない部分や，機能重複といった課題も顕在化し，会社全体として組織の簡素化やオペレーションの改善に向けて変革が進みました。持株会社と主要事業子会社であった株式会社 LIXIL が合併したのもこの時期です。会社全体の変革機運の高まりの中，1 年弱空席で CFO（最高財務責任者）が兼務していた CLO（法務担当役員）に私が CLCO として着任し，法務部門変革が始まりました。

当時の本社法務部門は，機能別専門性を重視した組織編成となっており，良くも悪くも専門分野に特化し各部独立した活動になりがちでした。ですが，事業部門からすればワンストップで問題解決が進んだほうがよいですから，サイロをなくし，事業部門の視点でスピード感を持って解決策を提供できるよう，マインドセットも組織体制も見直す必要がありました。

―法務部門の変革はどのようにして実行しましたか。

まずは，法務部門の主要メンバーや，各事業部および間接部門のリーダーに，法務に対して抱く現状の課題認識についてヒアリングを行いました。

ヒアリングの結果，法務部門側の課題として，ビジネスの理解や他部門との連携が足りていない等，事業部門に対する踏み込みが弱いことがわかりました。また，ビジネス側の課題としても，法務部門の活用方法についての理解が不十分であることがわかってきました。

並行して国内外の他社法務部門の組織体制や取組み事例についてベンチマークを行い，LIXIL の法務部門としてあるべき姿や注力分野を定めました。そして，経営戦略の実現に向けたグローバル共通のミッションや注力分野について

何をどのように実践していく必要があるかを,「LIXIL Legal Playbook」として文書化し,法務部門としての方針を明確化しました。マインドセットと行動変革は一朝一夕でできることではありませんが,部門内会議や勉強会,部門内SNSなどを使ってビジネスパートナー力を発揮した好例を共有したり表彰したりして信頼されるビジネスパートナーの具体的な実践例を意識的に共有するようにしました。また,法務部門のメンバーが事業部門の経営会議に出席しビジネスで起きていることをタイムリーに理解し事業部門だけで気づきにくい点に積極的に踏み込んでいく機会が増えました。事業部門の側でも法務部門が役に立った経験をしてもらうことにより,少しずつ変化が生まれてきたと思います。

―法務部門のプレゼンス向上に特に効果があった取組みは何でしょうか。

　特に効果があった取組みはビジネス側とのコミュニケーション強化です。具体的には,前述のとおり,担当事業部門との社内SNSや経営会議への参加等による日常的な情報連携に加え,法令やリスク喚起など法務部門からの情報発信やよろず相談の時間をバーチャル環境下で設けるなど,法務部門へのハードルを下げる取組みを行いました。

　事業部門との日常的なコミュニケーションを通じて,法務部門はビジネスに対する理解が深まり,事業部門の取組みに関与する機会が増え,新規事業の検討や紛争処理でもより早いタイミングで相談や議論が始まるようになりました。その結果として,法規制違反のリスク回避や,新製品・サービスの円滑なローンチなど法務部門が貢献できた好事例が増え,社内での認知・プレゼンス向上につながっていきました。法務部門による貢献が事業部門とのコミュニケーション機会のさらなる増加につながり,貢献できたり感謝されたりすれば法務部員もやりがいを感じますから,より前のめりに仕事に取り組んでいくという好循環が生まれています。

　また,マネジメントレベルでCEO（最高経営責任者）や事業部門の責任者とCLCOが対等に議論し経営判断に関与することが日常的に行われることに

より，マネジメントレベルでの横の情報共有や，縦や斜めのコミュニケーションの良質化も進んできたと考えています。

グローバルでの One Legal チーム

—グローバルでの組織間連携については，どのような取組みを行っていますか。

　グローバルの文脈においても，全社的な変革の中で連携体制を強化してきました。グローバルに一体感ある組織運営を実現するため，CLCO と各地域の法務責任者・CoE リーダーにより構成される「Global Legal Leadership Team（GLLT）」を設置しました。2019年以降は，各社で独立していた法務部門を本社直轄の組織に変更し，コミュニケーションの機会も増え，各地の人材の可視化が進み，各地のサクセッションプランや人材育成計画の議論が容易になりました。M&A，訴訟・仲裁手続や不正調査など，所属法人を超えたプロジェクトに適材が関与しやすくなりました。

—グローバル連携に向けてどのような組織を構築されたのでしょうか。

　GLLT の定期的会議などを使いグローバル共通の課題に取り組んだり各地域のベストプラクティスを法務部門全体のベストプラクティスにしていく場として活用しています。また，人材の可視化，育成なども GLLT の共同のタスクとして取り組んでいます。グローバル共通の課題への取組みや各地域のベストプラクティスを法務部門全体のベストプラクティスにしていく目的で組成しています。

　また，グローバル組織としてコンプライアンス＆エシックス（倫理）の領域に取り組む CoE の設置は，各地域と本社のコンプライアンス担当者間においてベストプラクティスの共有やグローバル共通施策の推進に役立っています。

—CoE はどのような理由により設置されたのでしょうか。

　コンプライアンスや倫理の領域は，高い専門性が求められ，かつ，グローバル共通の課題として取り組むほうが効率的な施策が多々あります。

例えば，内部通報システムの構築と運営，腐敗防止，ハラスメント防止等のグローバルポリシーの策定・研修，コンプライアンス啓発イベント，コンプライアンス委員会の体制整備など，現地事情の理解が難しい本社から一方的に発信される施策を各地で展開するより，各地域の課題も踏まえて自分たちでつくり上げたプログラムを各国で浸透させていくという発想のほうがより現場のニーズを反映したものができあがりますし，当事者意識や責任感が醸成されエンゲージメントも高まると考えました。

また，コンプライアンス部門の実力を底上げするねらいもありました。コンプライアンス推進において求められる知識・専門性やコミュニケーション力について，メンバーの能力や経験値が地域によって異なっていました。CoE を設置しグローバル一体となって取組みを進める中で，切磋琢磨し，また互いの能力を補完し合うことも期待していました。

―海外グループ会社の人材登用はどのように行われていますか。

LIXIL では，通常の人事評価プロセスに加え，各組織の主要なポジションのサクセッションプランを毎年更新し，People and Organization Development（POD）というプロセスの中で，CEO と CPO（Chief People Officer：最高人事責任者）とともに人材の育成プランを議論します。その結果，海外グループ会社の人材が登用されることもあれば，国内の人材が海外派遣や異なる事業部門に異動する道筋が決まることもあります。成長機会の提供は，異動や居住地変更などが伴うものばかりではありません。所属地域に関係なく，本社や拠点のプロジェクト（訴訟・M&A・不正調査・BCP 対応等）への特別アサインメントも行っています。

専任組織によるリーガルオペレーション改革

―リーガルオペレーション改善に向けた組織を設置してどのような取組みをしましたか。

リーガルトランスフォーメーション＆オペレーションズは，法務部門として

より高い付加価値を生み出すために生まれた組織です。業務プロセスの改善やDX推進のみならず，人事キャリア開発，コミュニケーション・組織開発，オペレーション最適化の取組みも推進しています。

例えば，DX推進による業務改善であれば，費用対効果の観点から，多額の投資をして新たなシステムを開発・導入するのではなく，法務部門のメンバーが使いこなしていなかった既存のツールやアプリケーションを活用することで改善できる分野があります。また，当社ではデジタルの民主化が進められてきました。デジタル部門のシステム開発優先順位リストの前でなかなか回ってこない順番を待つより，部門の課題を最もよく知る各部門が自らデジタルを活用し解決していくアジャイルな働き方が推奨されています。その動きをバックアップするための研修やノーコードなどのツールが提供されており，アプリの作成・活用等も積極的に行っています。

◆ LIXIL リーガルトランスフォーメーション＆オペレーションズによる取組み事例：
- 法律相談・契約審査プロセスのワークフローシステムを導入
- エクセルで管理していた外部弁護士のリストをノーコードでアプリ化し，情報の登録・更新プロセスをシンプル化
- Legal 部門への問い合わせ対応においてチャットボットを導入
- Legal メンバーの専門分野や職歴等に関する情報をノーコード でアプリ化してデータベースとして管理

―変革に取り組むための専任組織を設置したのはなぜですか。

法務部門内の各部署がそれぞれで施策を実施するのではなく，まとめて1つの組織として取組みを行ったほうが，法務部門として注力すべき効率化・デジタル化などの課題を短期間で集中的に解決できると考えたからです。

過去には，部門内で共通の管理業務を切り出したり，各種データベースや情報共有の仕組み化を試みたことがありました。しかし，本業としての法務業務が多忙を極めるため，取組みの推進に時間がかかり，担当者の退職や異動で中

断することもありました。取組みを確実に成果につなげるため，リーガルトランスフォーメーション＆オペレーションズとして組織化し，職責を明確化しました。

―リーガルトランスフォーメーション＆オペレーションズはどのようなメンバーで構成されていますか。

　リーガルトランスフォーメーション＆オペレーションズのメンバーは，法務部門のメンバーで構成されています。法務部門での経験がある人材の中でITリテラシーやプロジェクトマネジメントスキル，事務処理能力，コミュニケーション力が高いメンバーなどが組織立ち上げ時に積極的に参加してくれて，組織化に至りました。

〔編集および執筆〕

足立　桂輔（あだち　けいすけ）

KPMG コンサルティング株式会社　執行役員／パートナー

大手情報通信会社を経て，KPMG に参画。KPMG ジャパン IMPACT（ESG CoE）メンバー，同サプライチェーンサービスリーダーズメンバー，KPMG ジャパン中国ビジネス推進ネットワーク，ASEAN ビジネス推進ネットワークメンバーとして，サステナビリティ領域のコンサルティングサービスをリードする。

〈主要著作〉

『日経 MOOK BCP4.0　次代のレジリエンス経営』日経 BP，2021年（共著）

『海外子会社リーガルリスク管理の実務』中央経済社，2019年（ベーカー＆マッケンジー法律事務所，KPMG の共著。編著者）

『テーマ別「法務・コンプラ業務」高度化・効率化の実務 Q&A』中央経済社，2022年（編著）

『中国子会社の投資・会計・税務』（共著，中央経済社，2011年）

『CSR 経営と内部統制（別冊商事法務 No. 278）』（共著，商事法務，2004年）

新堀　光城（にいぼり　みつしろ）

KPMG コンサルティング株式会社　アソシエイトパートナー　弁護士

主に法務・コンプライアンス機能，地政学・経済安全保障，サステナビリティ機能に係る体制・取組み改善に向けたプロジェクトに従事する。近年は経済安全保障・地政学リスク領域に注力し，同サービスをリードする。

〈主要著作〉

『テーマ別「法務・コンプラ業務」高度化・効率化の実務 Q&A』中央経済社，2022年（編著）

『海外子会社リーガルリスク管理の実務』中央経済社，2019年（ベーカー＆マッケンジー法律事務所，KPMG の共著）

『Q&A ポイント整理　改正会社法』弘文堂，2021年（共著）

『日経 MOOK BCP4.0　次代のレジリエンス経営』日経 BP，2021年（共著）

「企業が直面する経済安全保障リスクと求められる体制・取組みの要点」国際商事法務2022年12月号（共著）

「米・中・東南アジアにおける法規制リスクの最新動向と対応上のポイント」ビジネス法務2021年11月号（共著）

「AI ガバナンスの構築に向けた施策上のポイント」研究開発リーダー2021年 9 月号（共著）

「経済制裁・輸出管理規制リスクに対応したグループコンプライアンス体制の構築」海外投融資2021年 1 月号（共著）

※元 KPMG コンサルティング株式会社アソシエイトパートナー（法務コンプライアンスサービスチームリーダー）の水戸貴之氏には企画・編集等で大いに助力をいただきました。

〔編集・執筆および事務局〕 ※執筆当時

　以下，執筆に加えて，編集・とりまとめに向けた運営に携わったメンバーです。

三角　紘平（みすみ　こうへい）

KPMG コンサルティング株式会社　マネジャー

グローバル法務・コンプライアンス領域において，コンプライアンス体制（贈収賄防止／競争法遵守体制，内部通報制度など）の構築・改善を中心に幅広くサービスを提供。

〈主要著作〉

「ライフサイエンス業界におけるコンプライアンス・プログラムのポイントとは」KPMG Insight（2024 年 4 月12日）（共著）

中川　祐（なかがわ　ゆう）

KPMG コンサルティング株式会社　マネジャー

法務コンプライアンス体制支援に加え，AI ガバナンスや技術情報管理などのテクノロジー法務，サステナビリティ知財支援，知財イノベーション推進支援の実績を有する。

〈主要著作〉

「サステナブル経営に資する知的財産活動のポイント」（KPMG ホームページ）

「知財活用に向けたフレームワーク」（KPMG ホームページ）

「特許出願非公開制度（秘密特許制度）を機に考えるべき，技術管理」（KPMG ホームページ）

吉田　愛子（よしだ　あいこ）

KPMG コンサルティング株式会社　シニアコンサルタント　弁護士

法務コンプライアンス体制支援（トレードコンプライアンス／競争法など）に加え，サステナビリティ機能に係る体制・取組み改善（グリーバンスメカニズム構築／デュー・ディリジェンスなど）支援に従事する。

〈主要著作〉

「『ビジネスと人権』の現在地～人権デューデリジェンスの進め方」（KPMG ホームページ）

「ルールメイキングの実践ステップと体制構築のポイント」（KPMG ホームページ）

石上　遼（いしがみ　りょう）

KPMG コンサルティング株式会社　シニアコンサルタント

法務コンプライアンス領域（内部通報制度，行動規範など）に加え，経済安全保障・地政学リスク領域や知財ガバナンス領域におけるプロジェクトに従事する。

渋谷　樹（しぶたに　たつき）

KPMG コンサルティング株式会社　シニアコンサルタント　公認不正検査士

法務コンプライアンス機能の高度化・効率化支援に加え，リスク管理体制構築支援（贈収賄／競争法／トレードコンプライアンスなど）や品質コンプライアンス違反対応支援に従事する。

〔執筆〕 ※執筆当時

村上 未来（むらかみ みき）
KPMGコンサルティング株式会社　マネジャー
〈主要著作〉
『テーマ別「法務・コンプラ業務」高度化・効率化の実務Q&A』中央経済社，2022年（共著）

片山 雄太（かたやま ゆうた）
KPMGコンサルティング株式会社　マネジャー
〈主要著作〉
『テーマ別「法務・コンプラ業務」高度化・効率化の実務Q&A』中央経済社，2022年（共著）

Şahin Köksal（ケックサル・シャーヒン）
KPMGコンサルティング株式会社　マネジャー　ドイツ・弁護士

泉 麻里奈（いずみ まりな）
KPMGコンサルティング株式会社　マネジャー　公認内部監査人
〈主要著作〉
『テーマ別「法務・コンプラ業務」高度化・効率化の実務Q&A』中央経済社，2022年（共著）

原 滋（はら しげる）
KPMGコンサルティング株式会社　スペシャリスト

中野 成崇（なかの みちたか）
KPMGコンサルティング株式会社　シニアコンサルタント

杉山 雅英（すぎやま まさひで）
KPMGコンサルティング株式会社　シニアコンサルタント

奥西 宏紀（おくにし ひろき）
KPMGコンサルティング株式会社　シニアコンサルタント

※元KPMGコンサルティング株式会社法務室長の飯塚暁夫弁護士にも，執筆に際して法務コンプライアンス機能に関する全般的な助言をいただきました。

企業実例で理解を深める

法務・コンプライアンス組織の構築・運営

2024年10月20日　第1版第1刷発行

編　者	ＫＰＭＧコンサルティング株式会社
発行者	山　本　　　継
発行所	㈱中央経済社
発売元	㈱中央経済グループパブリッシング

〒101-0051　東京都千代田区神田神保町1-35
電　話　03(3293)3371(編集代表)
　　　　03(3293)3381(営業代表)
https://www.chuokeizai.co.jp
印刷／東光整版印刷㈱
製本／㈲井上製本所

©2024
Printed in Japan

＊頁の「欠落」や「順序違い」などがありましたらお取り替えいたしますので発売元までご送付ください。(送料小社負担)

ISBN978-4-502-50701-4 C3032

JCOPY〈出版者著作権管理機構委託出版物〉本書を無断で複写複製（コピー）することは，著作権法上の例外を除き，禁じられています。本書をコピーされる場合は事前に出版者著作権管理機構（JCOPY）の許諾を受けてください。
JCOPY〈https://www.jcopy.or.jp　eメール：info@jcopy.or.jp〉